清华大学自主科研计划资助
"马克思法哲学与现代西方法哲学主要流派比较研究"
（2021THZWJC26）成果

欧根·埃利希
法社会学文选

[奥]欧根·埃利希 **著**

刘恩至 高 瞻 **译**

Eugen Ehrlich's
Selected Essays on Sociology of Law

清華大學出版社
北 京

内 容 简 介

欧根·埃利希（Eugen Ehrlich）是奥地利著名法学家，也是法社会学在欧洲大陆的主要奠基者，其代表作《法社会学原理》已经载入现代西方法哲学思想史并成为法社会学流派的最重要的著作之一。本书是对埃利希的其他代表性著述的选辑，共翻译收录了七篇文献，包括他的论文、演讲和遗稿。这些文章涉及埃利希的法社会学思想、自由法学理论、习惯法理论以及埃利希对孟德斯鸠、马克思等法社会学先驱的学术评价，它们从不同侧面呈现了埃利希的法哲学与政治哲学。本书收录的文章绝大部分为首次翻译至中文学界。

图书在版编目（CIP）数据

欧根·埃利希法社会学文选 /（奥）欧根·埃利希著；
刘恩至，高瞻译 . -- 北京：清华大学出版社，2025. 7.
ISBN 978-7-302-69949-1

Ⅰ. D912.54-53

中国国家版本馆 CIP 数据核字第 2025Y1L928 号

责任编辑：严曼一
封面设计：汉风唐韵
版式设计：方加青
责任校对：王荣静
责任印制：宋　林

出版发行：清华大学出版社
　　　　网　　　址：https://www.tup.com.cn，https://www.wqxuetang.com
　　　　地　　　址：北京清华大学学研大厦 A 座　　邮　　编：100084
　　　　社 总 机：010-83470000　　　　邮　　购：010-62786544
　　　　投稿与读者服务：010-62776969，c-service@tup.tsinghua.edu.cn
　　　　质 量 反 馈：010-62772015，zhiliang@tup.tsinghua.edu.cn
印 装 者：三河市东方印刷有限公司
经　　销：全国新华书店
开　　本：148mm×210mm　　　印　　张：6.5　　字　　数：110 千字
版　　次：2025 年 9 月第 1 版　　印　　次：2025 年 9 月第 1 次印刷
定　　价：88.00 元

产品编号：099798-01

欧根·埃利希（Eugen Ehrlich, 1862—1922）

（图片来源：www.eugen-ehrlich.com）

译 者 序

欧根·埃利希（Eugen Ehrlich）是法社会学在欧洲大陆的主要奠基者，在现代西方法哲学思想史中，埃利希无疑是一座不能被轻易绕过的理论山峰。

1862 年 9 月 14 日，埃利希出生于奥地利帝国布科维纳地区的首府切尔诺维茨（Czernowitz，Bukowina），他的父亲是当地的一名律师。青年时期的埃利希曾在加利西亚地区的桑博尔（Sambor，Galizien）和奥地利首都维也纳学习法学，并于 1886 年获维也纳大学法学博士学位。1893—1896年，他在维也纳近郊的施威夏特（Schwechat）从事律师行业。1894 年，埃利希获得大学任教资格，并成为维也纳大学的编外讲师，主要讲授罗马法。1896 年，他回到自己的家乡，成为切尔诺维茨弗朗茨·约瑟夫大学（Franz Josephs Universität）的副教授，1900 年升任正教授。1901—1902 年，埃利希担任弗朗茨·约瑟夫大学法律系主任，1906—1907年担任该校校长。在切尔诺维茨任教期间，埃利希发表了一系列重要著作，确立了他作为欧洲法社会学旗帜性人物的历史地位。1903 年，埃利希发表《法的自由发现与自由法学》，开启了影响深远的自由法运动。1913 年，埃利希发表《法社会学原理》，这部作品至今仍是享誉世界的法哲学名著。

1914 年，第一次世界大战爆发，埃利希为躲避战乱离开了切尔诺维茨。1918 年，奥匈帝国战败，布科维纳地区被割让给罗马尼亚王国，并开启了罗马尼亚化的进程。根据当时的规定，原用德语授课的大学必须转为使用罗马尼亚语授课，使用德语的教师要么申请休假学习罗马尼亚语，要么被解雇。1920 年，埃利希回到切尔诺维茨，谋求重返大学讲台。但当时的校长约恩·尼斯托（Jon Nistor）是一个激进的罗马尼亚主义者，坚决抵制了埃利希。埃利希随后旅居罗马尼亚首都布加勒斯特。在那里，他得到了一些学界名流的支持和帮助，包括历史学家尼科莱·约尔加（Nicolai Jorga）、社会学家迪米特列·古斯蒂（Dimitrie Gusti）。在这些人的游说下，罗马尼亚政府于 1921 年正式批准埃利希重回切尔诺维茨任教。但这一任命随即引发了当地罗马尼亚学生的强烈抗议，埃利希的返校计划因此未能落实。1922 年 4 月，埃利希从布加勒斯特迁往维也纳，回到了他曾经的祖国。1922 年 4 月底，因糖尿病恶化，他接受了腿部截肢手术。1922 年 5 月 2 日，埃利希病逝于维也纳。

值得补充的是，切尔诺维茨这座城市后来的历史轨迹一波三折。1940年，苏联建立东方战线，切尔诺维茨被并入苏联，划归当时的乌克兰苏维埃社会主义共和国。该地在乌克兰语中被称为切尔诺夫策。1941年，苏德战争爆发，罗马尼亚作为纳粹德国的仆从国重新攻占了切尔诺夫策。1944年，苏联红军解放切尔诺夫策。1991年，苏联解体，切尔诺夫策从此属于独立的乌克兰。与之相应，弗朗茨·约瑟夫大学也在历史进程中屡次更名，如今成为乌克兰的尤里·费德科维奇切尔诺夫策国立大学（Yuriy Fedkovych Chernivtsi National University）。因此，虽然欧根·埃利希是一个奥地利人，虽然他深受德意志传统的熏陶且其大部分学术成果都是以德语写成的，但他的故乡和曾经工作的学校如今却都位于乌克兰。这一有趣的事实或许可以同大哲学家康德的身后事相媲美。

埃利希在中国法学界，至少在国内法哲学思想史研究领域，同样享有相当的声誉。许多研究著作都介绍了埃利希作为法社会学之代表人物的重要地位。例如，王振东教授在《现代西方法学流派》（中国人民大学出版社，2006年）中专门撰写了"埃利希的自由法学"一节，张乃根教授在《西方法哲学史纲》（中国政法大学出版社，2002年）中撰写了"埃利希的'活法'论"一节，何勤华教授在《西方法学史纲》（商务印书馆，2016 年）关于法社会学的章节里提到"马克斯·韦伯和埃利希的理论"。在译介方面，埃利希的鸿篇巨著《法社会学原理》（*Grundlegung der Soziologie des Rechts*）已经有了多个中文译本。其中，舒国滢教授的译本《法社会原理》（中国大百科全书出版社，2008 年；商务印书馆，2022 年）影响尤巨，我们今天使用的许多相关核心术语依然遵从了其译法。此外还有叶名怡、袁震两位教授翻译的《法律社会学基本原理》（九州出版社，2007 年；中国社会科学出版社，2009 年；江西教育出版社，2014 年）等不同版本。

然而，除了《法社会学原理》这部最关键的作品之外，埃利希还有许多著述尚未被译为中文。有鉴于此，我们整理翻译了埃利希的七篇文章，汇编成这本小册子，以期为国内学界的埃利希研究和法社会学研究提供一些新材料。

《法的自由发现与自由法学》是埃利希于 1903 年 3 月 4 日在维也纳法学会上做的一次学术演讲，并于当年出版。所谓"法的自由发现"，是与"法的技术性发现"相对的概念。后者意味着，立法者必须首先制定一套完善的法律规章体系，而后法官通过运用法律技术（例如对法条含义的解释、对立法者意图的把握）从实定法律中推导出对相关案件的判决。但埃利希认为，这种裁判方式有着重大缺陷：首先，法律体系不可能达到真正的完善，面对纷繁复杂且日新月异的社会生活关系，任何立法都可能存在漏洞和空白。其次，立法者的意图是难以确证的，更何况还存在大量立法者未曾预想到的法律纠纷。最后，即使法律条文的含义是清楚明白的，它在运作过程中还是面临着种种不确定的因素，包括法官的个人立场与特质。正因如此，法的技术性发现并没有实现它自己所宣称的稳定性和可预测性，法官的主观任性也没有受到更多限制。相反，法的自由发现作为一种创造性的司法实践，允许法官在法律和习俗的基础上，针对新的社会关系做出富有创新性的判决。这种自由的司法判决可以弥补传统立法所固有的僵化与滞后，甚至当一部恶法阻断了通往正义的道路时，它还能够通过迂回的方式重新实现正义。在此基础上，埃利希主张建构一套"自由法学"，它不仅需要研究法律规章和司法判决，更要研究在社会层面发挥着实际效力的法的关系和生活关系。

《社会学与法律学》发表于 1906 年。埃利希在这篇文章里重点阐释了法的双重功能，即组织形式和裁判规范。法首先是社会关系中的组织形式，它调整着人们的日常生活行为，其次才是法官针对法律纠纷所使用的裁判规范。相较于每天都在重复的日常生活，需要寻求法院解决的纠纷只是少数的例外情况。一般而言，裁判规范直接产生于组织形式，产生于孕育这些组织形式的社会形态。如果作为裁判规范的法同相应的社会形态发生了脱节，那么它的实际运作就必然遭遇一系列障碍。在这个意义上，法律学本质上就是一门社会学，用埃利希的话来说，这是"人类社会的形态学"。法律学不能止步于研究法的条文，而应该研究法赖以发生效力的那个社会基础。一旦转向研究作为社会现象的法，法律学就成为"法的科学"。换言之，纯粹实务性的法律学是关于裁判和诉讼的实践的学问，而法学或法的科学则是社会学的一个分支。法律学同社会学的关系，就如同医学同生物学的关系一样。如果说为现代医学奠定科学基础的是生物学领域的研究者而非医疗领域的实践者，那么真正能够为法学奠定基础的就绝不是熟读法条的法律专家，而是在科学层面把握了社会形态的社会学家。

《习惯法的事实》是埃利希出任弗朗茨·约瑟夫大学校长时的就职演讲，该演讲发表于1906年12月2日，后于1907年出版。按照当时的惯例，新任校长要围绕自己"毕生奉献的科学领域"做一次学术演讲，因此，这篇讲稿可以被视为埃利希法哲学的一份纲要。埃利希首先讨论了法与社会机制的关系。在法的秩序出现之前，人类社会已经有了一般的运行机制。正是从这种社会机制和生活关系中逐渐产生出法的秩序，社会机制是法（特别是习惯法）得以生成的现实土壤。埃利希进而从原始共同体、统治关系、土地法、法律行为、继承法五个方面具体论证了社会机制的基础性地位。概言之，原始共同体产生于人类的社会本能，统治关系产生于弱者的无助状态，土地经济制度决定了土地法，法律行为由事实层面的处分行为发展而来，特定人群与死者的亲近关系决定了继承法。但是，埃利希在论述社会之于法的决定性意义的时候，区分了三种不同的法：一是真正意义上的法律，即国家权力创制的官方规定；二是从立法、司法裁判或法学中产生的裁判规范；三是真正意义上的社会习惯法。其中，法律或国家制定法并非起源于社会机制，它不但在形式上产生于立法者，而且在内容上也由立法者所创制。当然，国家与国家制定法必须认识到自身的边界，它们可以引导和约束社会，却不可能消灭那些与之相对立的社会关系。究其本质而言，社会机制才是基础性的力量。

《论法社会学》这篇短文是埃利希法哲学与马克思主义法哲学的一次交汇。1914 年 6 月，奥地利社会民主工人党的机关刊物《斗争》（*Der Kampf*）发表了弗里德里希·哈恩（Friedrich Hahn）的论文《一种法社会学》，[①] 该文基于马克思主义的立场对埃利希进行了批评。哈恩认为，埃利希的学说

---

① Friedrich Hahn, "Eine Soziologie des Rechts", Der Kampf. Sozialdemokratische Monatsschrift, JG. 7, Nu. 9, 1914, S. 401-407.

并不是真正意义上的法社会学。"埃利希为我们提供了大量具体的'法的事实',但他无法从中抽象出社会学的规律。"与之相对,"只有建立在马克思主义的清晰概念与历史视角的基础之上,才能够在纷繁复杂的社会现象中找到秩序;只有立足于唯物史观的大地之上,才能够阐释法律生活现象乃至一般社会生活现象"。由此,哈恩得出结论:"唯有马克思主义的法社会学才是真正的法社会学。它不会满足于宽泛的概念,也不会追寻永恒的真理,而是探索每个特殊的社会阶段的历史性的法则。这就是说,它将揭示法在每种社会秩序中同它的经济基石之间的联系,并且呈现经济的变革如何影响了法的秩序。"同年7月,埃利希在《斗争》杂志发表了题为《论法社会学》的回应文章。埃利希不仅援引马克思、恩格斯的观点为自己辩护,还介绍了他本人阅读马克思著作的情况。因此,这篇文章对于考察埃利希与马克思的思想关系具有重要的史料价值。

《孟德斯鸠与社会法学》是埃利希以英语写就的论文,发表于1916年4月的《哈佛法律评论》。美国著名法学家罗斯科·庞德(Roscoe Pound)曾如此评价这篇文章:"该文从收稿到出版一字未改,足可证明作者英语之娴熟。"这篇论文系统阐述了孟德斯鸠作为法社会学先驱的历史贡献,同时也批评了孟德斯鸠的某些理论缺失。埃利希认为,孟德斯

鸠虽然没有明确使用现代意义上的"社会"概念，但他已经
认识到了"社会"的基础性地位，他所谓的"普遍精神"或
"一般精神"就具有"社会"的意涵。当孟德斯鸠说，法与
气候、宗教、政治、习俗共同构成一个民族的普遍精神并支
配着该民族的发展时，这实际上意味着作为总体的社会生活
在支配人类，同时，社会生活内部的各要素也相互依存、相
互影响。孟德斯鸠关于三种政体（共和制、君主制、独裁
制）的著名学说很好地反映了他的法社会学立场。三种政
体的形成取决于国土大小、地理构造、气候、风俗、礼仪
等因素。这种将法和国家的成因诉诸外部客观环境的思路，
完全不同于当时流行的社会契约论，即那种从普世的假定
契约中推导出永恒之法的抽象理论。值得注意的是，马克
思的法哲学在这篇论文里再次被提及。埃利希认为，孟德
斯鸠早于马克思发现了经济状况同法律上层建筑之间的联
系。在这个意义上，孟德斯鸠与马克思都属于法社会学的先
驱人物。

《法社会学》是埃利希晚年的一篇作品，它的英译版于
1922 年 12 月，也就是埃利希去世后约半年，发表于《哈佛
法律评论》（*Harvard Law Review*）。在这期杂志的开头，罗
斯科·庞德还专门撰写了纪念埃利希的文章。① 因此，这篇

---

① Roscoe Pound. An Appreciation of Eugen Ehrlich, Harvard Law Review, Dec., 1922, Vol. 36, No. 2, pp. 129-130.

《法社会学》既是埃利希法哲学思想的总结之作，也反映出他在美国法学界的影响力。该文的核心论题是法律条文与社会秩序的关系。首先，社会秩序先于法律条文而存在。最初的法律条文是一些具体的司法判决，后来它们逐渐发展成法学家法和国家制定法。然而，在法律条文产生之前，人类社会早已存在一系列基础性的运作机制，诸如婚姻、家庭、所有权、契约、继承。其次，法律条文并不是法的唯一形式，在它之外还存在着大量起源于社会机制的法则。人类社会的大部分事务都不必诉至法院，而是能够根据自己的运作规则得以解决。有限的法律条文不可能包含全部社会机制的丰富内容。最后，法律条文的存续取决于社会。只有在社会中出现了相关的机制，调整该机制的法律条文才会出现；而只有当某一法律条文的生效条件已经存在于社会中时，这一条文才是适用的。

《马克思与社会问题》是埃利希晚年旅居于布加勒斯特时期的作品，这可能也是埃利希人生中的最后一篇著作。这篇文章在埃利希去世之后，于1922年底正式发表，原作是罗马尼亚语，本书是根据德译版翻译的。如前所述，埃利希与马克思有着复杂的思想关系。在布加勒斯特时，埃利希同马克思主义者的联系更加密切了，一度参加过他们的活动。原因在于，当时的奥地利马克思主义者反对民族分离趋势，希望在奥匈帝国的废墟上建立一个多民族的社会主义国家，这一主张引起了埃利希的共鸣。正是在同马克思主义者的交流过程中，埃利希创作了《马克思与社会问题》。严格来说，这只是一篇讨论经济学议题的文章，与法社会学并无直接关系。本书以附录形式将其收入，希望有助于读者全面了解埃利希对马克思的评价。虽然埃利希在法哲学领域把马克思奉为思想先驱，但是他在政治经济学领域并不赞成马克思的社会革命方案，而是对资本主义持一种反思和改良的立场。需要指出，埃利希的改良方案存在重大缺陷。他将资本主义在生产关系层面的结构性问题转述为一种技术性问题，并期待通过"消灭奢侈品"等调整产业结构的方式来化解阶级矛盾和消除两极分化。这种浅表的改良方案早已为后续的历史实践所否定，相信读者能够作出正确的判断。

本书的分工如下：《孟德斯鸠与社会法学》和《法社会学》由高瞻、刘恩至共同翻译，其余篇目由刘恩至翻译。在翻译过程中，来自尤里·费德科维奇切尔诺夫策国立大学的埃利希研究专家谢尔盖·内祖尔比达（Sergei Nezhurbida）教授给予我们以极大的帮助。他不仅无私地提供了许多研究材料，还耐心地解答了一些基础性的问题。清华大学出版社的严曼一老师为本书的出版尽心尽力，在此特致谢忱。

作为一份尝试性的译稿，本书难免存在疏漏与错误，敬候各位读者的指正。

刘恩至

2025 年 3 月于清华园善斋

目　录

法的自由发现与自由法学[*]

---

[*] 本文译自 *Freie Rechtsfindung und freie Rechtswissenschaft*, Leipzig: Verlag von C. L. Hirschfeld, 1903.

前　言

这篇演讲的基本思想，我已经于 15 年前，即 1888 年，在发表于维也纳的期刊《法学报》（*Juristische Blätter*）上的论文《论法的漏洞》（*Ueber Lücken im Rechte*）中首次阐述了，当然彼时还是以一种不成熟和不确定的理论形式阐述的。而这篇文章的成果，我又在 1893 年发表的《默示的意思表示》（*Die stillschweigende Willenserklärung*）[①] 一文中作了如下的总结：

我在我的著作《论法的漏洞》中曾尝试说明，那些根据现行的实定法去履行裁判任务的法官，总会利用法学理论和法的体系的某些非确定性，以适应法的发展的要求；同时我也尝试说明，法的理论与实践如何处理那些最为模糊的概念——事物的本性、善意（bona fides）、诚实信用原则、欺诈之诉（actio doli）、不当得利、违反公序良俗（contra bonos mores），这些例子都特别适合上述情况。这样一个模糊的概念，一个法的漏洞——它们使得新的丰富思想渗入现行法律之中——也是一种默示的意思表示：这不是法的机制，而是一整套全新的、仍在为自身的存在而斗争的法的规范体系；

[①]　Berlin, Carl Heymanns Verlag, S. 291.

这不是统一的问题，而是诸多问题的混合物。

    我在这里回顾我久违的青年时期的著作，是因为受到了惹尼（Gény）大约在 4 年前出版的著作《解释方法与法的渊源》（*Methode d'interprétation et ources du droit*）[①] 的启发。这部著作与我的《论法的漏洞》，不仅在大量细节上，而且在指导思想上契合。我要特别强调的是：惹尼也认为，法不是一个有关抽象的法的规则的封闭自足的体系，而是由许多个别判决所组成的；而且根据他的观点，法官在确定的法的规则离他而去的时候，就应该通过法的自由发现使法适应时代的需求。当然，我和惹尼在许多方面也存在着差异。我主要关心法官究竟以何种方式去自由地发现法，在其中，诚实信用原则、事物的本性、法律建构与法律类推究竟扮演了何种角色；而惹尼主要研究在法国占统治地位的法的渊源理论和法的适用原则。他把法的续造诉诸科学（自由科学研究，libre recherche scientifique）；而我从一开始就非常重视法官有意识或无意识的创造活动，同时没有低估由科学所发现的法的意义。

    从那时起，我就尝试将有关法的漏洞的方法论原则运用到我的作品之中。这些作品包括上文提到的《默示的意

---

①   Paris, Chevalier, Maresq & Cie, 1899.

思表示》，以及《德国民法典中的强行法与非强行法》（*Das zwingende und nichtzwingende Recht im bürgerlichen Gesetzbuch für das deutsche Reich*, 1899）。我也尝试在《法的渊源理论（第一卷）：市民法、公法、私法》（*Beiträgen zur Theorie der Rechtsquellen I. Teil : Das ius civile, ius publicum, ius privatum*, 1902）中为这些理论提供罗马法的历史依据，至少是部分依据。

惹尼的著作似乎在法国产生了很大的影响。法国最杰出的私法学家之一萨莱耶（Saleilles）为他写了导言，并且此后多次引用了惹尼的观点，最近一次是他在 1902 年 4 月 4 日于罗马举办的历史学家会议上所作的精彩演讲。这引发了一系列评论，其中一部分是反对的意见，另一部分至少在原则上是赞同其观点的。前些年，艾斯梅因（Esmein）、马西格里（Massigli）、萨莱耶和瓦勒（Wahl）在巴黎出版了《民法季刊》（*Revue trimestrielle de droit civil*）。就艾斯梅因的导言以及其他人发表的论文来看，这份刊物想要以惹尼的精神推动法和法学的深入发展。

现在，当我为了实现一个长期的愿望而将一开始提到的我的那本著作中的思想以合乎我当前观念的方式交付给公众时，那么我就有必要保留我相对于惹尼的时间优先性。

然而我要明确强调，我仅限于主张时间上的优先性。我毫不怀疑，惹尼没有读过我的著作，这些著作即使在德国也根本不出名，他也没有从我的著作中受过任何启发。除了其主要思想的正确性之外，惹尼著作的价值还表现在他从法国法制史和法国司法判决中提取了极其丰富的材料，而这对我来说是一个全新的领域。

考虑到惹尼著作的存在，如果在15年前就讨论构成本演讲之基础的那些思想的时间优先性问题，较之于今日一定会有完全不同的意义。当时，毫无疑问的是，它与一切必须被视为科学的确定之物形成了鲜明的对比。人们误以为冯·比洛（v. Bülow）是法的自由发现的信奉者，但实际上他根本未曾谈论过相关内容，正如施莱伯（Schreiber）[1] 最近强调的那样；冯·比洛仅仅试图表明，也许是正确地表明，法官的活动按其本性而言在纯粹的法的适用领域已然具有创造性了。施罗斯曼（Schlossmann）表达得更加果断，但他的论述遭到了普遍的否定。多年以来，这种思路不断显现，人们越来越强调法官之于法律条文的独立性。如果我要讨论相关的参考文献，那么此处涉及的著作就会过于繁杂。我在以前的著作和今日的演讲中所阐发的思想在很多方面都超越了迄今为止其他学者的主张。

本演讲第二篇的一些论述（特别是第11页以后的部

---

[1] Oesterr. Gerichtszeitung. Jahrg. 54, Nr. 18.

分)[1]，对我正在准备的《法的渊源理论》第二卷的内容作出了预告。

切尔诺维茨，1903 年 6 月

一

如今在我们当中流行着一种要求，即法官处理法律纠纷的每一个判决都应该来源于现行法律中确定的原则。但是，这种情况仅仅是那些接受了罗马法的民族的特点。对于其他民族而言则显得完全陌生——不仅包括那些处在较低的法的发展阶段的民族，还包括那些十分进步的民族，如中世纪的德意志人与今天属于英国法系的民族，甚至还有罗马人，对于他们的司法审判，我们主要不是通过法官的判决，而是通过罗马法学家流传下来的学说来认识的。绝不能要求每个判决都实际上或名义上建立在法律条文之上，从而将法律条文作为其"出厂许可证"；也就是说，仅仅应该把发现适用于个别案件的合理判决视为法官的任务。法官必然受到成文法、习惯法、传统习俗和过往判决所提出的原则的约束，但所有这些都不应被视为判决的基础，而是视为法官自由裁判的边

---

① 参见本书第 17 页。——译者注。

界。法官的准绳是这样一条原则，即必须根据法律技巧的规则而作出判决：换言之，判决不能随意推翻迄今为止普遍生效的规则。这当然关闭了过于冒进和突然创新之门，但绝不会阻止有机的发展。曾不止一次地发生这样的情况，随着时间的流逝，公认的法的原则经由一系列逐渐偏离它的判决而走向了自身的对立面。

这种状况显然是普遍存在于司法之中的两种相互对立的要求彼此妥协的产物：一方面，人们要求司法判决不是个体任性或个人意见的产物，而应该是一种普遍感知的表达，一种从更高层次的来源中体现出的正义的表达；另一方面，判决应该直面个案，为相应的争端提供解决方案。因此，一般和特殊就应该并存。于是就衍生出了一种自由与约束的奇特混合物，它以某种让我们感到新奇的方式出现在罗马人和英国人那里，并且人们几乎只能通过对其历史前提的生动感悟才能理解它。

因此，自由发现的判决也很容易被解释为仿佛只是表达了现行法律中已经包含的东西。法学家没有创制法，他必须发现法。然而，人们并不怀疑每个判决都为现行法律补充了一些内容，判决不仅能够成为现行法律的见证，而且可以成为新的法的渊源。亨利·萨姆纳·梅因（Henry Sumner Maine）曾以诙谐的方式描述，当法官尚未判决时，英国的律师们是如何争吵以便确定现行法律中的哪些原则应予适用;一旦判决尘埃落定,它就已经成为法,而判决中的那些也许是第一次表达的法的原则就在某种程度上填补了现行法律的漏洞。就连罗马人也意识到,与其说他们的法仅仅被记录于法学家的著作之中,不如说这些法学家的著作就是法本身。这样一来,法的发现就逐渐转变为法的续造。

尽管今天在欧洲大陆,我们倾向于将法视为一套完整的法的规章的体系,在其中,每一个可以想象到的法律案件都预先得到了思考和判决。但即使在这里,人们显然还普遍秉持着这样的想法,即每一个司法判决都会认可一项新的法的原则。这之所以同我们司空见惯的观点相对立,在一定程度上是因为法的状况其实根本不容许出现这样的思想,即存在着一套适用于全部司法审判的完整的规范体系。立法——除了那种古老的、在历史上鲜为人知的原始习惯法的编纂之外——往往是针对个别的不当、侵害与弊端而产生的,所以法律给出了并且仅仅希望给出针对个案的救济。法律传统远比成文法更重要,它主要存在于那些处理实际案件的判决所表达的法的原则以及对这些原则进行一般化的科学总结之中;判决以及对判决的一般化总结,这原本也是罗马法学家著作的内容——罗马人的法学家解答(responsa prudentium)、裁判官诏书以及绝大多数的皇帝敕令,德意志人的法律判决，英国人的判例汇编，它们都没有呈现为别的不同的东西。这同样适用于路易十四时代法典编纂工作之前的法国法的渊源。而即使是作为狭义习惯法的、直接存在于民族意识和法学家意识中并被记录于法律文献的那部分法律传统，也几乎来自同一渊源——由法官的判决在时代发展中积淀而成。如果一个案件没有被法律所预见，如果它不能比照迄今为止已经判决的任何案件，以至于无法被归属于已知的判决或对判决的一般化总结，那么这个案件显然处在"法的空白"之中。此时，法律和法律传统为该案件的判决提供了一定的指导，提供了科学的基础，但判决本身必须被自由地发现。这就是通往创造性法学的道路。

罗马法的接受普遍导致了剧烈的变化。如今，一个原则已经传播开来，即每一个判决都必须出自现行法律中的确定规则，每一个判决都必须是以法的规则作为大前提、以法律案件作为小前提的逻辑序列的结论。罗马法当然没有接受这个原则，相反，如我们所强调的，该原则对于罗马法而言是完全陌生的。但优士丁尼似乎认为，他已经在他的法律文献里消除了一切可以想到的法律疑问，尽管就其主要内容来说，这些法律文献不过是一系列的判决以及对判决进行一般化的科学总结，当然这些判决的内容是非常丰富的。然而，中世纪末期的事态发展让人们倾向于认真对待优士丁尼的思想，因为罗马法从一开始就应当作为辅助性的法，以便处理那些传统的本地法没有明文规定的案件。

当然，这一努力的前提是，所有法律案件都能够根据那些已经被接受的罗马法来判决。而《国法大全》（*Corpus iuris civilis*）似乎没有辜负人们在这个方面的期待：在其千百年来积累的大量材料中，包含了如此丰富的法学思想与启示，以至于如果人们相信它是无所不包的，这也并非咄咄怪事——尤其是这样的想法原本就处在统治思想界达数百年之久的学术传统之中。

毫无疑问，这样的想法建立在一种公然的自欺欺人之上，因为《国法大全》所调整的关系根本不存在于中世纪末期与近代；反过来说，针对中世纪末期与近代的关系，罗马法也没有任何规定：现代所有权不是罗马法的所有权（dominium），债权债务关系不是罗马法的债（obligatio），嫁妆也不是罗马法的嫁奁（dos），并且罗马法有关所有权、债、嫁奁的规定对于现代的所有权、债权债务关系、嫁妆是根本不能直接适用的。如果人们在适用其所接受的罗马法之时，遵照罗马人自己在法的适用方面所遵循的原则以及我们今天在现代法律中所看到的原则，那么人们就一定会坚持，每一项法的规范仅仅应当适用于其所具体生效的那些关系，这样一来，罗马法就几乎不能被适用了。为了在《国法大全》中发现一个判决，人们必定要把德意志的和现代的机制同罗马的机制画等号——也许在规则中存在着内在的同质性，有时则只是一种粗略的相似性或名称上的亲缘性，或者人们将统一的法的机制（有时甚至以完全任意的方式）拆解为特定的部分和个别的法权关系，以便能够在罗马法的渊源中找寻到可供适用的规章。德意志的农民借贷（Bauernleihe）被当作罗马法的永佃权（Colonat）；家庭子女的财产被当作罗马法的家子特有产（Peculium）；罗马法的口头契约（Stipulatio）被随意应用于现代合同；背书（Indossament）时而作为特殊的债权转让（Cession），时而作为允许再授权的授权（eine Delegation mit gestatteter Subdelegation）；在开放的商业社会，人们期待一种合伙人（socii）彼此将对方视为代理人（institores）的合伙（societas）。通常，人们为了创立一个判决，就随意将涉及完全不同事物的法的渊源牵强附会地组合在一起。这样便产生了法律类推，产生了法律建构，最终产生了至今仍作为经典的整个法律技术，它教会我们将涉及某种特定关系的法的条文（Rechtssätze）运用到完全不同类型的关系之上，并且漠视其中的差别。

罗马法首先适用于意大利，继而适用于法国和德国，由此产生了德国的共同法。这当然是一种直接适用于德国的法，但它并不是罗马法。共同法本质上是罗马的法学家法，它经由意大利法学、部分经由荷兰和法国的法学而产生，并且经由法学的整理以适应德意志的法律生活。相反，渐渐地，成文法却几乎完全不被接受了。

人们或许可以说，接受罗马法的意义就在于，自从人们学会了法的适用，就不必再从事法的发现了。当然，如果认为罗马法中已经包含着针对一切可以想象到的法律案件的判决，这无疑是错误的。我们今天已经了解，罗马法虽然流传下来，却不是在罗马帝国的范围内都产生效力；现代的法律生活也早已远离了罗马法。但是，精巧的法律技术能够通过一系列拟制与建构从罗马的法律文献中推导出司法审判所需要的法，从而完全取代法的自由发现。法的体系的完善性只不过是法律技术造成的幻象而已。

二

现代的法教义学倾向于在面对每一个法的条文时都首先研究立法者的意图，但它从未充分考虑过如下事实：法在生活中的实际意义更多地取决于那些使用它的人，而非对它的解释。同一款法的条文在不同国家或不同时代都会变得完全不同，原因无非在于不同教育背景、不同生活观念、不同官职和社会地位的人坐在了法庭之中。相较于法教义学家，训练有素的法律史学家能够更加直观地看到这一点——潘德克吞（Pandekten）中的裁判官（Prätor）和法学家（prudentes）、古德意志法中的审判者（Schöffen）、同源于日耳曼世界的英国普通法与衡平法中的大法官和最高法院法官，都为法律史学家提供了论据。在这个意义上，当今欧洲大陆的法也必定被看作受过专业教育的司法官员的法，因为如果我们把现代国家称为法治国家，那么请不要忘记，我们口中的法治国家本质上意味着官僚制国家——虽然毫无疑问，一种并非官僚制国家的法治国家和一种并非法治国家的官僚制国家都是可能的。

我们都是官僚制国家的孩子，数百年来官僚制国家已经统治了整个社会生活与政治生活，而我们之中鲜有人能够轻而易举地摆脱官僚制国家创造培育的观念和思路。根据真正的官僚制立场，法不过是国家对其官员发布的命令。这并不意味着法就其实际效力而言不应该超出官员群体，并不意味着法不能够规定处在国家规范之下的全体民众的行为，只不过这需要经由一条错综复杂的道路才能达成：民众服从规范，因为他们被国家官员要求这样做，或者当他们想要违反规范时将会被要求服从。

从这种被国家委任为司法官员的现代法官的立场之中，从法作为国家向法官发布的命令这一见解之中，流露出了当今的成文法律在法的渊源中的重要意义。因为国家在成文法律中直接与它的官员对话，这完全不同于其他法的渊源的情况；并且任何人只要想在法中找寻国家向法官发布的命令，都必然会在法的规则中或多或少地看到成文法律的规定。

占统治地位的法的渊源理论其实也建立在这一基础之上。在教科书的导言性质的段落里，习惯法都被确定为与法律具有同等的价值，但这样的叙述并不十分重要。人们只要不是听其言而是观其行，就会立即认识到，教科书、工具书、专题著作和司法判决都产生于一个显然从未被承认的前提——除了法律之外根本不存在任何其他的法。但对于那些在官僚制国家的统治范围之外成长起来的，并且已经见识过生动的习惯法发挥其效力的人来说，要想掌握有关习惯法以及习惯法之"起源"和"前提"的整个传统学说，理解法律是否阻止或妨碍了法从据说是作为同等重要的法的渊源的习惯法之中发展而出的问题，也是一件不容易的事情。当17世纪和18世纪的德意志法学家几乎是以当今的理论形式提出了习惯法学说的时候，该学说仅仅是为司法官员提供了一个有关德意志风俗习惯之有效性的标尺，这些习惯往往被投以怀疑的目光，它们的实际运用也必须由当事人提出主张并提供证明。如今，这样的学说当然不再流行，科学的审视将结束它的存在。

　　法律对我们而言是占统治地位的法的形式，这一现象是官僚制国家的最深层次本质的表达。同样，官僚制国家的法的内容也是由官僚制国家的性质所决定的。根据该内容，这种法就是裁判规范——它应该仅仅服务于或几乎只是服务于指导官员们去处理其所涉及的事务，特别是裁判法律纠纷。这当然是一种非常片面的见解，因为裁判规范虽说是法学家们最感兴趣的法的形式，但它既不是唯一的也不是最重要的法的形式。法完全不是为了裁判法律纠纷这一目的而存在，事实上它是社会组织的基础，引用舍弗勒（Schäffle）的略显陈旧的话语，它是社会机体的骨架。在大多数情况下，社会机制的组织一定会产生出规范，必须根据这些规范来处理法律纠纷；但是很明显，提供这些裁判规范只是社会机制的某种下位的、次要的功能。一个协会的章程在某些情况下也可以为法律纠纷的裁判提供可用的基础，但它首先是用来组织协会的。当《奥地利民法典》规定，丈夫是一家之主，这不过是完全真实地描述了当今现存的家庭组织，而没有提供也不想提供任何的裁判规范。我们知道，在罗马，各种不同的给付都能够成为债务的客体，但在古典时期的诉讼中，却总是判决支付一定数额的货币：裁判规范与社会关系的法律组织并不一致，债务与解决债务的方案并不一致（aliud erat in obligatione aliud in solutione）。艾克（Eck）在其著名论文中

15

指出，买卖行为在罗马就相当于今天的所有权转移合同，虽然罗马法的裁判规范只规定了持有许可（habere licere）的责任。裁判规范和组织形式之间的对立最明显地表现在自然债务之上：自然债务是指实际存在，但不能从它的存在中衍生出判决债务人进行支付之裁判规范的债务。

如果接受老一辈自由派政治家的观点，认为国家制定法仅仅包含裁判规范，并且国家不能有组织地通过国家制定法来影响社会，这将是非常错误的。今天的大部分农业制度都是直接通过国家的活动而产生的，现代社会政策的立法已经建构了一系列强大的组织；更重要的是，国家通过它的军队、它的政府、它的行政力量实现了自我组织。尽管如此，大量的国家制定法无疑都存在于裁判规范之中——总体而言，国家仅仅能够给它的官员发布命令，而官员仅仅能够实施干预，并且即使是在那些根据官方立场应该加以干预的地方，官员通常也只是在被要求之时才这样去做。那种想要通过裁判规范来规定生活的尝试，显然很少能够产生明显的效果。一般而言，这种手段对于规范人们的生活来说太过于孱弱了。即使有时候诉讼作出了不同于习惯的判决，人们还是沿着习惯的道路前行。如果我们此刻通过一项法律，规定在所有家庭事务中是母亲而非父亲享有决定权，那么这样的法律大概只会对那些相对罕见的涉及家庭事务的法院裁判才有意义，而社会层面的家庭组织也许根本不会因此而发生改变。如果有人宣称，社会生活的庞大基石，诸如所有权、契约、家庭、继承权等，都是借由一些微小的裁判规范的手段而形成的，或者它们的发展本质上依赖于那些手段，那么他必将与自己所目睹的现象发生冲突。

但是，裁判规范也很少起源于国家。国家的每一项法律保护都与损害赔偿联系在一起。在原始时代发生不法侵害的情况中，损害赔偿是通过自力自助的方式来实现的。而一旦法官的判决取代了自力救济的地位，那么除了从社会组织的本质中产生出来的规范之外，就不存在其他的裁判规范了：这些规范从所有权的本质中，例如从原始的占有关系中直接发展出来；从对古代社会具有重大意义的共同体的本质中，例如从家族、家庭、公有土地、同业公会的本质中发展出来；从最古老的契约的内容与惯例中，从原始的、通常比任何法律保护都更加古老的交往形式中发展出来。这些判决通过口头的方式被流传、记录、收集、诠释、总结，最终编纂成典。由此产生了特有的法学家法，它们以非常不同的形式存在于世界上所有民族的早期时代：这种法学家法既是法的科学，又是法的条文，正如古老的罗马民法（ius civile），既存在于古典时期罗马法学家的著作里，又存在于优士丁尼的宏大的法律汇编中，并且本质上没有发生改变。不是判决建立在法的规则之上，相反，法的规则是从判决之中产生的。作为判决之基础的法是现存的法（ius quod est）。保罗（Paulus）看到了活生生的法学家法所发挥的效力，他在其著名警句中总结了他所直观看到的现象：不是规则产生了法，而是在法之中形成了规则（non ex regula ius sumatur, sed ex iure quod est regula fiat）。判决比规则更古老，法学家法比国家制定法更古老，也更丰富。

根据当前流行的学说，人们喜欢把这种法学家法称作习惯法，只不过人们不应该忘记，习惯法这一表述可以指代完全不同的东西。交易法（Verkehrsrecht）的法学家法几乎只是商业交易的惯例（Verkehrsusance）。损害赔偿和诉讼程序的法学家法普遍产生于自力自助救济的逐渐弱化，尤其是在求助法官以处理纠纷的习惯被赋予了约束力之后。原始共同体的法学家法，不仅包括地方性的，例如关于村镇和公有土地的法学家法，还包括社会性的，例如关于家族和家庭的法学家法，它们皆建立在人类原始的社会性倾向之上，正是伴随着这种社会性倾向，所有这些共同体才得以产生，而伴随着这种社会性倾向的消逝，这些共同体不可避免地消亡。这些社会性倾向同样是继承法的产生根源，并且几乎是唯一的根源。在那些从占有关系中发展出的法学家法中，事实上的社会权力关系找到了其固化的表达形式。这种权力关系决定了农民必须向上位所有权人履行何种义务，决定了一块土地在其受封者死亡后是归还给授予者还是由受封者的继承人保留。

很明显，法学家法虽然不能创建社会机制，但是能够为社会机制提供明确的边界和概念的确定性，正像在罗马人那里，创制契约的预防法学（Kautelarjurisprudenz）直接影响了人们的生活。没有人会相信，法学家能够创造用益所有权的法律制度；但为了实现这一目的，例如在罗马，法学家的著作却使得设定用益权的形式成为可能，而他们的任务也在于，找到在所有权人和用益权人之间分配上一年收益的方法。在这里，法学家法的裁判规范普遍来源于法学家早已发现的那些社会机制及其运作过程的本质，正像创制契约的预防法学在一定程度上也是根据那些在交易中已经成熟的方向来制定自己的目标。

也许可以指出一种当下正在发生的、类似的发展趋势。不能完全排斥这种可能性：随着时间的推移，也许会产生一种管辖国家间纠纷的审判权和司法活动，就好比今天私人间的纠纷由国家行使其审判权来管辖一样。这种管辖国家间纠纷的司法审判必须以一种实体法（materielles Recht）作为自己的基础，而这种法的规范最初只可能是一种产生于国家间联合体之本质的，产生于迄今为止的国际法交往之习惯的法学家法。齐特曼（Zitelmann）在他的《国际私法》（*Internationales Privatrecht*）中已经说明有多少能够用于裁判国际法纠纷的规范可以从领土主权（Gebietshoheit）和个人主权（Personalhoheit）的原则中推演出来。这种对于现代法学家而言完全可以设想的发展进程，不过是已然发生的如下事实的镜像反映：自力救济被法的救济所替代，而法的救济又建立在一种法学家法的基础之上，这种法学家法产生于其所评判的社会关系的本质以及迄今为止的交往习惯。但如果有人想要宣称，国家的起源与存续都应该归功于国际法院基于那些法学家法而给予国家的保护，那么其同当今认为所有制、家庭、契约或继承权无论怎样都是建立在国家基于其裁判规范所提供的保护的基础之上的一类人，到真理的距离是完全相等的。

因此，已经确定的裁判规范也必须经由纯粹的社会发展进程而不断地被重新规定。这在接受罗马法方面最为明显：因为人们接受的显然不是罗马时代的法的关系，而仅仅是它的裁判规范，并且正如我们已经强调的那样，几乎只是法学家法的裁判规范。现在我们面临一个奇妙的结果：一旦罗马的裁判规范适用于现代的、本土的法的关系，它就获得了全新的内容。

从表象上看，人们可能会相信有关债权债务关系的罗马法几乎可以被全盘接受：但是，在罗马的债的关系中，债权人和债务人并不是个体的人，而是一群人，这群人在法权意义上表现为那个单独行事的家长（pater familias）。① 今天的债权债务关系不是一群人的关系，而是个体与个体的关系，这显然是一种非常深刻的区别，而与之相比，一切细节上的相同点都黯然失色了。几乎就在当下，婚姻从男性对女性的统治关系转变为两个在价值和法权上都相互平等的个体的结合，父亲的统治权与监护权从一种可以行使的私人权利转变为一种公共职责。这种变革的辐射范围是不可估量的，它无须改变成文法中的任何一行内容，却几乎每时每刻都在影响着法官和社会对法的关系的评判：今天，许多行为都被视为对配偶的严重伤害或对被监护人的不忠实，但也许在 18 世纪的上半叶或者 19 世纪的头 30 年并没有人会因为这些行为而觉得受到冒犯。这种最为剧烈的、不可阻挡的法的变革就发生在社会机制之内，并且从根本上改造了法学家法的裁判规范，有时甚至连当事人或法学家自己都没有意识到这一点。

产生于国家的成文法同法学家法存在着本质区别。法律

---

① 这群人不仅包括家庭成员，还包括奴隶，而在古代大概还包括那些具有法权资格和行为能力的自由民。参见 Cic. Epist. ad Quint. I, 1, 13.: 他们以与统治奴隶完全相同的方式统治自由民 [libertis, quibus illi (maiores) non multo secus ac servis imperabant]。

比习惯法和法学家法更年轻，并且大概在各地都是一种很晚才发生的现象。在古代，它似乎仅仅在罗马人和雅典人那里扎根生长；当然在希腊的其他国家里也有很多这样的萌芽。即使在中世纪早期，这种萌芽和过渡形式也不可能有进一步的发展。有关战争与和平或者有关房屋建筑的行政命令和公告显然还不是法律，即使它们是由民众的集体会议所决定的。汉谟拉比法典、摩西法典、摩奴法典、查拉图斯特拉法典、传说中的米诺斯法典和吕库古法典、罗马王政法、十二铜表法、蛮族法典、古兰经教法，它们部分是私人性质的，部分是产生于祭司权威或国家权威的记录和编纂，有的甚至是对神圣的、伦理的、宗教的和习惯法的规范进行相当程度上的自主汇编，并作出大范围的修改；此后就出现了一些官方的命令，它们废除或改变了那些被摒弃的或已经过时的习惯法。这就已经非常接近法律了。但真正的实质意义上的法律，也就是规定人民未来行为的抽象规范，却是以如下事实作为前提：对国家任务有非常先进的认识、有能力贯彻落实国家任务的国家机关、大部分民众对法律的目的有一定的理解。东方的专制君主或许可以一声令下把一座城市夷为平地，但他无法规定他的臣民以何种形式来签订契约。

　　显而易见，法官与法律的关系完全不同于他与法学家法的关系。法律向法官发布命令，法学家法则给法官以指导。

法学家法的力量建立在它对社会关系的正确评判之上，而法律的力量来源于国家统治。法官接受的命令来自对他享有立法权力的机关，而他吸收的法学家法的指导则可以在任何地方找寻到。英国的法官可以引用美国的判决，美国的法官也可以引用英国的判决——但对外国法律的援引当然会被提前排除。① 罗马的法学家法曾经在各地发挥过同样的作用，例如在苏格兰，在荷兰和法国的部分地方，甚至在直到产生了受过专业教育的法官职位以前的德国，罗马法学家法都只是作为"书面理性"（raison écrite）而发挥作用；但如前所述，现代的司法官员由于其职位和整个法学训练而丧失了将法的规范视为命令以外的任何东西的心理能力。因此，受过法学教育的法官职位的出现造成了如下后果——法学家法在本质上被赋予了成文法的性质，而原本的法学家法的指导上升为法律的命令。

法学家法的法律化完成于现代私法法典。这些私法法典，就像《国法大全》一样，大部分都是对法学家法的编纂，当然其中也包含着真正意义上的法律规定。在这些私法法典中，法学家法在外形上完全同化于法律，并且这一事实

---

① 瑞士法院经常援引德意志法律，但在这类情况下，人们当然不是把其所援引的法律视为法律，而是视为"书面理性"（raison écrite），多少类似于援引学者的观点。

已经如此深刻地印入民众有关法的意识以及法学家的思维方式之中，以至于人们如果不想因为其外在的相同而忽视内部的对立，就必须对这个问题详加考察。最终，法学家法还是法学家法，即使它被写成法律文段并由人民代表机构决议颁布，法的渊源的不同性质会利用一切机会继续在暗中发挥作用。但与此同时，人们显然对于这种内部对立在外形上的表现尚缺乏认识。即使是共同法的拟制与建构，好像也发挥了法律一般的效力。在德国，役权（servitutes）是否具有罗马法的意义，这当然是非常值得怀疑的。但是，那些在共同法中被等同为罗马役权的法权关系，当然必须适用于从罗马法完整借鉴过来的役权法，并且这些法权关系必须通过一项诉讼来主张，而该诉讼的实体法就是役权确认之诉（actio confessoria）的实体法。

这个以习惯法之排除和法学家法之法律化宣告完成的进程，在外观上赋予了现代法一种僵化的固定性，似乎除了立法之外，它不可能有任何其他的发展了。法的这种形态也符合主流学说的精神，有时甚至被要求用简明枯燥的语言来表述。但是，法的这种固定性更多只是一种假象而非现实。很显然，这并不是出于立法者的意图，而是出于某些事实，它们正如一切事实那样都在理所当然地主张着属于自己的法。没有一个关于法的适用的理论可以忽视如下事实：任何既定的法的规则体系就其性质而言都是有缺陷的，这个体系在它被确定的那一刻就已经过时了，因此它不仅不能完全掌控当下，还完全不能掌控未来。也没有一个理论可以阻止如下事实：作为法的适用对象的社会机制在不断发展，并且每时每刻都赋予确定的裁判规范以全新的内容。此外，人们也不能忽视，那些被委托实施法的适用的人，都是本民族本时代的孩子，他们会选择合乎本民族本时代之精神的法，这也是他们自己的精神，而非过去几个世纪的精神，不是根据"立法者意图"去实施法的适用。面对这样的事实，最坚固的理论也会瓦解，最强大的立法者权力也会落败。

三

一旦法学家法达到了特定的边界，现行法律的编纂就不可避免了，并且在其无法否认的缺点之外也明显产生了积极的结果。通过汇总迄今为止全部的法的发展成果，法律编纂也给杂乱无章的法学家法（其杂乱程度使得即使最优秀的人也无法随着时间的推移而知其全貌）带来了一定的秩序和条理；虽然法律编纂割断了国际的法学互动——这种互动曾经存在于共同法的兴盛时代，彼时德国、荷兰、法国和意大利形成了一个法系，甚至萨维尼（Savigny）的体系也建立在共同法学的思想基础之上，这种共同法学是不受国家边界约束的——但是与此同时，法律编纂也为一个国家的法的发展与法学研究奠定了坚实的、统一的基石，而随着时间的推移，它也会打破国界的限制，形成一种建立在比较法的基础之上的一般法学理论，至少在英国分析学派（奥斯汀—荷兰学派，Austin-Hollandschen Schule）的意义上是这样。

但针对共同法还会提出如下问题：对于共同法上没有规定的，特别是在接受了罗马法之后才产生的法的机制和法律问题，是否应该禁止或者允许在《国法大全》中去找寻规定，是否可以仿照共同法进行法的拟制与建构，是否需要在原则上摒弃法的自由发现？如今在这个问题上，我们面临着双重压力，因为共同法已经普遍被现代法典取代。在这种情况下，法的自由发现是否应予放弃？我们未来的命运是否必须由法的拟制与建构掌控？

法律在任何情况下都意味着国家对社会提出的要求：它应该使社会的自由发展服从于国家的目的。因此，法律施加于社会发展之上的强制力必须始终以追求更高的国家目标为理由，从而彰显自身的合理性。于是，提出如下的问题也是十分正当的：由于法学家法的法律化在各个方面将国家意志施加于现实生活（虽然有时国家对此并没有丝毫兴趣），这种法律化本质上是否并非一种罪恶？但此处不涉及法律本身的约束力，而涉及法律技术在没有任何规章的情况下让法律得以适用的约束力问题。

毫无疑问，人们并不能期待，在法律技术中所发现的判决比在法的自由发现中所得到的判决更好或更公正。通常情况下，针对一个特定的案件作出判决肯定比提出一项抽象的、对所有可以想象到的案件都普遍适用的规范要更加容易。我们恐怕不能严肃地宣称，对于那些在提出某规则时根本没有被想到的案件，该规则仍然能够给出最为公正的判决。实际上，法律技术支配下的法的发现（法的技术性发现）并不在于追求上述目标，它有着完全不同的目的：它应该创制出一套虽然并不总是公平的，但是稳定而可预测的法，并且提供相应的保护，以防止对法进行任意偏颇的操纵。人们希望通过把预先设定的规范交付给法官从而尽最大可能约束法官的方式来达到这一目的。

如果对400年来法律技术占据无可争辩之统治地位的历史进行评判，就可以发现，它的目的从来没有达到，也基本上不可能达到。相较于罗马人的民法、英国人和美国人的普通法而言，在那些采用法的技术性发现的国家里，判决丝毫没有表现得更加稳定，法官的任性也没有更受限制。对法律的最一般的解释，即对立法者意图的研究，也引起了如此多的疑惑，以至于倘若一个人想要曲解法律却遭遇文本上的障碍，那么这个人必定是十分愚笨的。如果人们放弃把类推与建构当作法的稳定性之基础以及司法公正性之保障，大概也不会造成任何的实际损害。人们如果真的想要认真对待当前占统治地位的学说，那么面对当事人的一切诉讼请求，包括原告的诉讼请求（起诉之许可）、被告的诉讼请求（抗辩之许可）、程序性的诉讼请求或者案件争议以外的诉讼请求，除非能够找到法的规章指示法官批准该请求，否则一概应予驳回。根据罗马时代著名的但缺乏历史可信度的盖尤斯报告（Gaianischen Berichte），那时的诉讼程序就是这样的：所有不以法律（lex）为基础的诉讼（actio）都必定会被驳回。现代立法却没有秉持上述立场：无论如何它们都允许类推和法律建构。这样一来，只要类似的诉讼请求根据既定的法必须予以批准，甚至只要与该诉讼请求相关的主张根据现行法律能够被建构就足够了。占统治地位的学说认为，将法律适用于那些立法者显然完全未曾想到的案件是正当的，因为如果立法者真的去思考这些案件，他就会比照类似的案件或者比照那些作为法律建构之基础的典型案件来进行判决。但在所有的类推和建构中存在着——根据古斯塔夫·吕姆林（Gustav Rümelin）的说法——价值判断，也就是存在着一种主张，即借由类推与建构而达到合适的结果。这无疑也是正确的，因为如果不是这样，人们就很难说立法者在思考到这些案件时会比照类似的案件进行判决。但如果情况确实如此，那么法的技术性发现就会赋予法官以如此之大的裁量权，以至于它并没有比法的自由发现更具优势。

法官判决的可预测性又怎样呢？这种可预测性何时才会存在于法的技术性发现之中呢？大约只有在少数有着明确法律规定的案件中，法的发现才不太重要，判决也才具有可预测性。在这类案件里，法的自由发现并不会改变任何东西，因为它只有在现行法律没有包含明确规定的时候才应该登场。人们有理由宣称，相比于法的技术性发现，那种受传统约束但又超越传统的法的自由发现可以为法的稳定性提供更好的保障；即使是今天，如果一位法学家能够引证一套持续不变的司法判决，而不是自己对法律进行解释，那么他必定会感到更加安全稳定，因为他对法律的解释随时都有可能被其他法律专家的解释所推翻。

但如果我敢于宣称法的技术性发现是违背圣灵的罪孽，那么其原因就在于，它遮蔽了我们的双眼，使我们无法看到一场不仅是稳定、不失偏颇的，而且是由伟大理念所统治的司法审判的唯一真实基础。于是，除了法官的人格之外，就不再有任何其他东西可以作为司法的保障了。正是因为司法的中心被转移到立法之上，朴素的真理才如此长久地超出于我们的认知，以至于一个人所能承担的最高任务（即司法）是以负责寻求其解决之道的人（即法官）具备超越一般人的伟大精神和伟大伦理为前提的；也正因为如此，人们才会忽视如下事实，并非每一个通过考试与实践而证明了自己有能力理解法律条文的人都能够胜任这项任务。即使错误的做法也有它相应的逻辑。法律条文作为法的稳定性以及法官公平性的守护者，它需要另一个守护者来监督其履行守护的职责：这导致了审级制度（Instanzenzug）以及不幸的合议原则，这些制度原则使个体彼此对立，或者消失在集体之中。于是就产生了现代欧洲大陆的非个人化的法院，这与罗马人和英国人的法院完全不同。在罗马和英国，法学家还没有被细枝末节的事务所压迫，并且国家的一流人才都认为，被任命为法官就享有了最高的荣誉。[①] 鉴于法的技术性发现所依赖的这种贫瘠的洞察力——它在我们这个时代被奉为法律能力的最高成果——谁还能够把握罗马人对法学的崇高观念？谁又理解，这种法学观念被罗马人视为"真正的哲学"（vera philosophia），视为"关于神事和人事的知识"（divinarum atque humanarum rerum notitia）？

然而并没有任何强制性的法的规章迫使现代法官处于这种地位。尽管法律技术是占统治地位的科学方法，但如同

[①] 不应该忘记，英国法官的地位相当于罗马的拥有解答权的法学家（respondirenden Juristen）。当然在英国也产生了审级制度与合议原则，尽管在某些部分具有不同的特征。

其他一切科学流派，它也必须随时准备让位于更好的认识方法。在 17 世纪，学术界就出现了针对法律技术方法的强有力的反对潮流。宏大的自然法运动统治了整个 18 世纪并且至今仍未完全消退，这场运动在一定程度上只能被理解为这种反对潮流：在英国这种盛行着法的自由发现的国度，人们不能正确把握自然法究竟意味着什么。[①] 自然法学家曾经严肃地面对过如下问题：当自然法同国家制定法（国法）发生冲突之时，其中一方是否会优先于另一方？对此，很少有人会质疑法官可以在法律允许的情况下根据自然法作出判决。虽然自然法本身对于人们失去了吸引力，但它播下的种子已经发芽——德意志法学在很多方面都无意识地承载了自然法的内容。有关非约束性法律内容的学说当属其中的代表。该学说认为，法律无法对那些应该由法学来提供解决方案的问题作出任何规定，因此毫无疑问，相当一部分法学家法已经被法的自由发现所光复。正如许多人所认为的，非约束性的法律内容主要就是有关法的渊源理论以及法的适用技术的规定，因此这两种学说都必须交给自由的学术讨论。根据占统治地位的学说，法律的概念规定未曾以任何方式约束法学，

---

①   Bergbohm Jurisprudenz und Rechtsphilosophie S. 331; Bryce Studies in history and jurisprudence II p. 177.——Holland Elements of Jurisprudence 8. Aufl. p. VIII. 该书把德意志的自然法称为没有实质内容的法学（jurisprudence in the air）。

至少在私法领域是这样的。

同样，立法也没有妨碍法的自由发现。在如今仍被广泛讨论的三大法典中，即《奥地利普通民法典》（*österr. allgem. bürgerl. Gesetzbuche*）、《法国民法典》（*Code civil*）和《德国民法典》（*bürgerl. Gesetzbuche für das deutsche Reich*），只有第一部法典包含了有关类推的明确规定。《法国民法典》仅仅在著名的第 4 条中作了规定："法官以法律未有规定、规定不明确或不完备为由而拒绝审判的，可依拒绝审判罪追诉其责任。"惹尼在有关这一条款的产生历史的详尽阐释[①]中指出，在我们的现行法律规定或传统的有权威的实定概念中，并没有任何材料可以支撑如下的观点，即法律的编纂在私法领域获得了排他的、至高无上的地位，从而将那些旨在弥补纯粹立法活动所固有的诸如滞后性、缺乏灵活性与可塑性等缺陷的独立的法律解释视为多余和无用的东西。但即使是《奥地利普通民法典》，在面临对相似案件进行法律类推适用而存在疑问的状况时，也会去参考"自然的法的原则"（natürlichen Rechtsgrundsätze），也就是现在普遍认可的自然法（Naturrecht）。多年来，这种"自然的法的原则"已经在我们的文献和判决中以一种令人担忧的方式消失了。但即

---

① Geny, Methode d'interprétation et sources en droit privé positif, Paris 1899 p. 93.

便在这种情况下，正像普法夫（Pfaff）和霍夫曼（Hofmann）所指出的，法官仍被允许进行最自由的活动，这种活动同立法活动的相似性在法典审议过程中已被明确强调。《奥地利普通民法典》的第 10 条并不符合上述说法，根据该条款，习惯只有在法律明确引用它的情况下才可以被考虑；此外第 15 条否认"针对个别案件发布的命令"以及法官针对特殊的法律纠纷所作出的判决具有"法律的效力"，也禁止将其效力扩展至其他案件和其他人。当然这并不是否认法的自由发现，而是排除了建立在自由发现的法学家法之基础上的新习惯法的产生。人们完全能够接受这一点。即使从此处所述的立场来看，法学家法的约束力和习惯法的约束力也存在着非常明显的差别。虽然奥地利的民法典允许法的自由发现，却排除了习惯法，因此这只可能意味着：尽管法官每一次都必须自由地发现法，但一项既定的司法判决却不能将自由发现的法转化为对法官具有约束力的习惯法。

对于《德国民法典》来说，立法与法的自由发现之间的关系不可能有任何问题。众所周知，根据第一版草案的第一条规定，对于那些"法律没有规定的"关系，可依类推进行判决，如不能类推，则依"法的秩序之精神"所产生的原则进行判决。这条规定在第二版草案中被删除了。但不管怎样，删除的目的只可能是：当法的规定存在漏洞时，在如何处理这些漏洞的问题上，不要束缚法官和法学界。第二版草案的编纂者究竟如何考虑去填补漏洞，这是无关紧要的；就这个问题而言，法典没有作出规定也不愿意作出任何规定，这对于学界的自由讨论就已经足够了。

完全基于上述学说立场的文献就是《瑞士民法典》的最初草案，它是当前最有意义同时也最独特的法律编纂成就。根据该法案第1条，法官首先根据民法典的文本及其解释进行判决，而后根据习惯法进行判决，在缺乏习惯法的情况下，则根据既定的学说和传统进行判决；如果以上法律渊源都不存在，则由法官作为立法者来提出规则并据此作出宣判。

也许可以引用对该条文的解释："在司法过程中，这种情况实际上一直都在发生。不同的是，在一个我们无法普遍超越的时期，人们相信必须从这样一个幻象出发，即法官总是在所有案件中时时刻刻都要援引成文法，即使不是依据法律的文本，也要依据它的思想和精神。但这一前提在无数的案件中从未实际发生过。人们当然会对草案承认了'自然的关系'提出异议，因为法官由此具备了过多的自主性。这确实是正确的。他将比今天的法官更加自由，因为今天的人们总是苛求法官从法律中推演出适用于一切案件的判决，即使采用一种最靠不住的法律解释技术也在所不惜。但只有当法官不被苛求使用这种技巧时，他才能更加胜任其职位。他应该可以认识到，成文法自有其漏洞，这是任何法律解释都无法填补的。并且当他明确这一点之后，他就不会把自己的判决建立在法律（Gesetz）的完善性之上，而是建立在法的秩序（Rechtsordnung）的完善性之上，进而以那些在立法者看来同整个法的秩序相联系并具有正确性的法的条文为前提。"

这些精彩的文字详细描述了法官在法的自由发现方面所承担的任务。特别应该强调的是，"这种情况实际上一直都在发生"。诚然，这与瑞士司法的特殊性有关，其对罗马法的接受及法官职位的公职化都尚未完全实现。但即便在其他国家，情况也是这样。特殊之处在于，其他国家的司法审判不太愿意通过类推或援引法律的精神来作出判决，因为它们的不确定性必然会为法的自由发现敞开大门，仿佛这些国家的司法活动对这种陌生的自由感到恐惧似的。很多情况下，司法审判使用了法学和立法所接受的一些不清晰和不确定的概念，并公开承认其目的就在于为法的自由发现提供一个抓手，当然在更多情况下，人们只是无意识地去这样做了。例如，法院使用"事物的本性""默示的意思表示""诚实信用原则""交往习惯"等概念来进行审判。

没有任何法院像巴黎最高法院那样懂得在法的技术性

发现的领域获得如此多的自由。我们这个时代最富成果的一些法律思想——例如意外和他人过失的赔偿责任、反对不正当竞争、著作权的设立、私人保险合同法——都归功于上述状况。巴黎最高法院的实践为法国私法界带来了大量的新思想，让法律经常发生大幅偏离立法者意图的转向，以至于人们完全可以宣称：那些仅仅了解法国的立法工作的人，基本上对于法国实际运行的法是一无所知的。在德国，存在过原汉萨同盟的吕贝克高等上诉法院、纽伦堡商事上诉法院，以及后来的帝国高等商事法院和帝国法院——这就证明了至少在商法这样一个向来被允许有一定自由运作空间的领域，只要条件许可，即使是德意志的法院也具备强大的活力和创造性。奥地利最高法院谨小慎微地死盯着法律的词句，这对于案件的解决并没有好处。尽管它的司法审判具有无可争议的其他优势，但事实证明，一种偏爱于字面解释的司法模式甚至连稳定性的优点都不具备。文字是一种最不完美的思想工具，从来没有人能够成功地借由文字而掌握事物本身。

既然存在着种种影响因素去推动司法活动进行法的技术性发现，那么司法本身又何以能够如此频繁地摆脱束缚呢？法不是僵死的教条，而是一种活生生的力量；一部法律得以颁布，并不意味着它就能够发挥效力，而立法者的意图也不能决定法律将如何发挥效力。如前所述，私法法典部分地由真正的法律、部分地由法学家法的编纂所组成——尽管它们在外形上可能相似，但永远也无法让符合条件的追溯力规则具有与对高利贷合同的禁令相等的效力。由于国家本身对法学家法规定的内容并没有兴趣，它更多只是一种指导，只是书面理性，而不是命令。但即使是真正的法律也只能通过其内在力量而发挥效力——它无法克服"中介的阻力"，故而它会衰退，会被歪曲适用或被遗忘。当法律阻断了通往正义的道路时，司法有时也能通过迂回的方式实现朴素的正义，这确实是令人欣慰的事情，尽管我们并不能把迫使司法走上这条迂回的道路看作是立法的任务。

四

一些现代法学家认为，将判决始终建立在法律的基础之上，就是他们的责任；对于这些法学家，我们不禁要提出如下问题：如果人们把法律这一基础去除掉，那么什么东西应当成为司法判决的基础呢？人们可能不禁想要如此简单地回答："每个时代都有不受法律条文约束的正义。"但是，这种正义并非没有前提。关键在于，正如我们一开始就已经强调的，正义受到法律传统中所包含的一系列前提的制约。一切法的自由发现都从传统中走来，并且试图达到施塔姆勒的"正义法"（dem Stammlerschen richtigen Rechte）。这就是法官立场的特殊之处，即法官总是认为，经由他口说出的并不是他个人的意见，而是法（das Recht）。"法"首先包含在过去的法的文献中，在法律、判决和学说之中。只有在绝对必要的时候，罗马法学家才会偏离传统规则，除此之外他们不会更进一步地违背传统。在布莱克斯通（Blackstone）关于英国普通法的著名评论中，英国法官仅仅被奉为法的规则（rules of law）的宣告者，而非发现者。如同任何自由一样，法的自由发现是保守的，因为自由意味着自身的责任，而约束意味着将责任转嫁于他人。

并不存在一劳永逸的正义，如同成文法一样，任何正义都是历史发展的产物。我在其他地方已经强调过，法学家法作为法的自由发现的最独特的作品，是由裁判规范组成的；而这些裁判规范又来源于社会关系的本质，并随其内容的变化而变化——大部分裁判规范的最本质的内容是从其所涉及的法的关系的具体形态中提炼出来的。对此，施塔姆勒找到了正确的表述方式。施塔姆勒指出，根据希罗多德（Herodot）的阐释，美地亚人（Meder）在脱离亚述人（Assyrer）之后就生活在没有法律的状态之中，他们之所以选择戴奥凯斯（Dejoces）为国王，就是因为戴奥凯斯在解决争端方面证明了自己是一个公正的法官。施塔姆勒补充道："这位精明的法官，他的判决让人民感到高兴，他深知如何基于传统的习惯法的一般机制而对新产生的争端作出合理的考察与判决。我们可以认为，在美地亚人那里已经存在所有权和契约诚信、家庭内部的支配权以及与此相分别的继承权，而这些权利都是经由特殊的纠纷才得以单独实现的。如果他想要在抛却一切实定制度基础的条件下行使司法调解的职权，那么这势必成为一个空洞的想法。"

冯·比洛早已令人信服地说明："每一次法的发现，即使作为纯粹的法的适用而出现，也必然具有创造性。"换言之，所有法学都自觉或不自觉地试图经由现行法律而超越现行法律。因此，法的自由发现同法的技术性发现的对立并不在于前者将会超越法律，而在于它们所选取的路径不同。因为法的技术性发现要求必须以一种一劳永逸的法律技术作为中介来实现超越现行法律这项奇迹般的任务，而法的自由发现期待从伟大个体的创造性思想中获得一些东西。所以法的技术性发现与合议原则、审级制度都来源于同一种精神，即来源于尽可能清除法官个体性的需要。但这是一个徒劳无功的起点，因为任何将一般规则适用于个别案件的行动都必然要经由个体性才能够实现。正如法律传统本身尽管是社会进程的产物，但也是人为创制的作品，因而它也被那些继续改造它

39

的人们不断更新塑形：假使流传给我们的史料主要不是乌尔比安（Ulpian）和保罗的论述，而是雅沃莱努斯（Javolenus）和塞尔苏斯（Celsus）的观点，那么罗马法一定会呈现出完全异样的面貌；另外，尽管今天的共同法以法律技术为标志，但每一位专家内行都能够清楚地分辨出那些由伟大的"雕塑家"萨维尼、普赫塔（Puchta）、阿恩茨（Arndts）、凡格罗（Vangerow）、拜尔（Bähr）、耶林（Jhering）、温德沙伊德（Windscheid）和贝克尔（Bekker）于19世纪添加到"建筑"中的部分。

因此，在任何时代，司法都带有个人的特色；在任何时代，社会的、政治的、文化的潮流都必然影响司法。某一法官究竟在多大程度上屈从于这些影响，也就是说，他究竟是更多地坚守传承下来的东西（in his, quae ei tradita sunt, perseverat）还是更多地依靠天赋而进行创新（ingenii qualitate et fiducia doctrinae plurima innovare instituit），这显然不取决于任何一种法的发现的理论，而是取决于法官的个性。但重要的是，这一事实不应作为不可避免的事情被忍受，而应该作为令人欣喜的事情被欢迎。实际上，问题仅仅在于，法官的个性是否足够高尚以确保此类活动的效力。因此，法的自由发现不是一个实体法的问题，而是法官职位人选的问题，最终就是法院组织内部是否允许具有强烈个性的人作为法官发挥其作用的问题。这一切都取决于：一旦法官的任用方式发生变化，法的自由发现自然就会发生，到那时，所有法律规章都会像《奥地利普通民法典》第7条那样丧失效力并陷入被遗忘的境地。

通常的官僚晋升体制能否成为推动司法进步的正确手段，这令人感到怀疑。值得注意的是，巴黎最高法院，也就是欧洲大陆唯一一个享有法的自由发现（虽然名义上并非如此）的法院，是作为法国议会的继承人登场的，而"法国议会的成员用金钱购买了自己的职位，法国之所以拥有最好的法官还得归功于这些议员"；同样值得注意的是，在德国唯一被允许间或进行法的自由发现的法院是商事法院，而它们中的一部分不属于或曾经不采用公职人员的等级体系。上述两类法院当然算不上合适的典型：真正的典型应该到罗马和英国去寻找，在那里的司法体系里，最具思想才智和社会阅历的人得以出任法官之职。对于那里最杰出的人来说，成为法官就是他们最崇高的奋斗目标与终点。那些伟大的英国法官的名字——曼斯菲尔德勋爵（Lord Mansfield）、埃尔登勋爵（Lord Eldon）、鲍温勋爵（Lord Bowen）、乔治·杰塞尔爵士（Sir George Jessel）——在英国家喻户晓，而欧洲大陆最具开创性的作家也难以与之媲美；即使是享有同等名望的人在欧洲大陆接受了法官职位——这样的情况不止一次地发生过——他们的事迹至多也只是在最亲密的小圈子里流传，而他们的声誉将随着那些目睹过其审判工作的人的逝去而消散。

就欧洲大陆而言，一切法的自由发现的起点都已经确定：这就是共同法学，一种令人敬畏的法学形态，其根源可以追溯至罗马祭司的法学。从历史上看，不能否认共同法学具有国际性，即使是 19 世纪初以来，尽管只有德意志的私法法学可以被视为共同法学的思想内容的继承者，但自此以后共同法学就丰富了它所接触到的每一种地方特别法（Partikularrecht）。最重要的是，共同法学必定会作为一种法学传统而成为法的自由发现的组成部分。必须特别强调，在排除了技术性的束缚之后，声名狼藉的"健康的人类理性"不应该为无条件的主观任性作掩护。法的自由发现不仅对法官的精神和品格，而且对他们的知识都提出了最高的要求。在这里，不仅需要敏锐的目光以洞察社会进程的本质，需要对当今时代的各类要求有着强烈的感知，还需要持续接触那些在法的历史发展中不断生成的东西：只有那些具有丰富资质的人，那些作为大师且掌握了数百年传承下来的智慧的人，才有资格被称为正义的开拓者。

对法的自由发现的厌恶有着更为深层的原因，忽视这些原因是不合适的。首要的原因就是有关限制国家权力和分权的观念在今天仍然占据统治地位。老自由派对那些为国家服务的司法官员持不信任的态度，他们想要迫使法官将法的确信（Rechtsüberzeugung）建立在法律条文之上，这种情况将持续很长时间，直到人们习惯了这样的想法，即国家并非保留了一切法的创造的权力，而仅仅保留了订立法律的权力。然而，这种古典自由主义的思路属于一种已然被超越的国家学说，正如一切国家学说都不过是某种历史存在状况的理论表达。

五

如果法的自由发现取代了法的技术性发现，那么我们现在就可以把目光转向法学领域，转向那些留给法学的任务。毫无疑问，这一转变首先剥夺了传统建构论的民法著作的存在合理性。一旦人们承认，在法律中只有那些被确定的东西才是确定的，而在其中未被确定的东西就是不确定的，那么，任何试图通过使用"毛发分离机"和"液压机"从法律中提炼出其未曾包含的判决的希望大概就落空了。人们不会因为罗马法在欧洲有了一个畸形的后代而过多流泪。每个人都理解，一个判决要发挥效力，它得是公正的、合理的、符合法律或传统的。但是，仅因某人在书里写过应该如何建构法权关系，一项判决就必然据此发挥效力——希望我们正在迎来一个无人能够理解这一现象的时代。诚然，占统治地位的法学著作耗费了大量宝贵的精神力量，但它们又有什么价值呢？麦考利（Macaulay）说，人既可以在公路上迈动双腿，也可以在脚踏磨坊里迈动双腿，但在公路上我们能够前进，而在脚踏磨坊里我们却停滞不前。

为了避开那些徒劳无益的任务，法学应该走哪一条道路？这是一个多余的问题。人类精神用之不竭，每个领域里无法解决的任务也无穷多，想要扮演预言家的角色是胆大妄为的。鉴于如此多的力量在各类脚踏磨坊里被浪费，我们至少可以指出一些美丽的地方，并且有一条舒适的公路通向它们。

首先可以肯定的是，任何法学的最原初的任务，即研究法的规章的含义，都会保持其地位。相较于其他成文法，现代私法法典更需要法学的解释。现代私法法典本身就是法学的产物，因此相较于严格意义上的法律，它在通过法学来扩展和推进自身这点上无可比拟。

但是，研究成文法与非成文法的隐藏含义，这远非完成了全部工作。前文所述的内容也适用于法学：法的条文不是僵死的教条，而必须被视为活生生的力量。即使某个法的条文的含义已被阐释清楚，但它的运作方式还未被言及；这不取决于对它的解释，而取决于它固有的力量，取决于它所面对的社会，取决于操控它的人的特性。法学的任务就是描述法如何运作并发挥效力；那些仅仅了解"立法者意图"的人，不可能了解实际运行生效的法。在这个意义上，传统教义学的法的观念同一种动态的法的观念相对立，对于后者来说，问题不仅仅在于法的条文的含义，而在于法的条文如何生存，如何运作，如何在不同的社会关系中突破自身，社会关系如何躲避法的条文，以及法的条文如何追踪社会关系。任何人——正如主流学说经常做的那样——只要不加区分地认为法律的运行总是如立法者所愿，那么他在对待一切人类事物时，就会忽视一条将手段与行为、行为与结果区分开来的宽广道路。然而，迄今为止主要由法律史学家来处理法的实际问题，当然偶尔会有国民经济学家和商法学者参与其中。遗憾的是，他们总是与民法解释学者相距甚远。①

其次就是司法判决（Rechtssprechung）本身。现存的法（ius quod est）必然首先教导我们，只有从判决中我们才能知晓哪些裁判规范事实上已经融入现实生活，以及怎样融入现实生活。但只是在文本或注释中引用司法判决，并根据

---

① 正是从这个立场出发，我尝试在我的著作《德国民法典中的强行法与非强行法》中探讨了德意志的民法典。当然，这对于一部正在生成的法来说尤为困难。

它们看上去正确与否来决定称赞或摒弃它们，这实际上是不够的。司法审判总是各种力量作用于法官的结果：法的规范的含义和条文就是其中一种力量，但不是唯一的力量。每个判决都表达了一种实际存在的社会潮流：即便是最难理解的经院哲学、最明显的误解和对法的有意歪曲，它们作为某种社会倾向的坐标也具有认识价值。检视司法判决中出现的这些倾向以及它们的起源、运作、类型和价值，进而描绘发生在司法判决中的事物以及出现这些事物的原因，正是法学的任务。[①]

再次就是法的关系本身，即使它没有向司法机关或官方机构寻求解决方案。关于股票、银行、工厂和手工业，我们能够从国民经济学和商法学的文献中获取指导，而涉及劳动关系，则可以从社会政策的文献——这些文献为罗特玛（Lotmar）的杰出著作提供了材料——获取指导；堆积在公证处和土地登记处的近乎无穷无尽的材料，基本上还没有被编辑过——不仅从国民经济学，而且从法学的视角来看，想了解这里究竟有多少素材可以被利用，只需举出巴尔茨（Bartsch）关于奥地利土地登记法的著作就足够了。在对这类文书材料进行法律评价方面，法律史的研究不知比法教义

---

① 我的著作《默示的意思表示》正是在这个意义上尝试使用"司法判决"（Rechtssprechung）的。

学的研究领先多少！就我所见，全部法学文献中还没有一部关于现代法律文书的学术著作。因此，纵观涉及遗嘱继承法的全部图书，人们可以找到大量智慧且精巧的法律建构，却找不出关于今天如何起草遗嘱的任何文字。

最后就是生活关系，且完全不考虑针对这些关系的法规。我们法学家当然时刻准备着用裁判规范来忠实地表达生活关系，用法的规则来表达生活规则——但实际上它们是完全不同的。实际上，规定和调节生活的首要因素就是生活本身。由法的规定所确立的家庭法对现实生活中的家庭形态的影响是多么微弱，正如在商业交易中订立和遵守的合同与少数情况下针对这些合同作出的司法判决是完全不同的。博学的罗马法专家告诉我们，"家长"（pater familias）的所谓专属财产其实是家庭的共同财产，在法权上几乎与奴隶完全一致的"家子"（filius familias）在现实中有着完全不同的地位。即使在罗马，古老的法的规则同生活规则之间的对立有时也如此巨大。这种对立在今天也没有变小，因为法的规则部分地建立在外国的，特别是罗马和法国的裁判规范之上，而生活规则产生于本土的习俗。人们真的相信，德国或奥地利的任意一位父亲在履行其嫁妆赠与义务（Dotationspflicht）时都会遵循民法典的规定吗？卖方总是依据法律的规定来承担瑕疵担保责任（Haftung für Mängel）吗？人们不应该提出异

47

议，认为此处涉及的是习俗而不是法——备受赞誉的罗马法中的嫁妆赠与义务和瑕疵担保责任正是从这种习俗中成长起来的。在法的每一次健康发展过程中，好的习俗将会转化成法的条文，坏的习俗将会遭遇立法和司法的反对，但为了达到这两个目标，人们就必须先了解习俗。[①]那些认为并不是所有的法都产生于裁判规范的人或许会说："此处讨论的是当今社会的组织形式，它们显然具有法的性质，而它们之所以没有生效，仅仅是因为司法审判并不像罗马那样由本土的裁判规范来统治，而大部分是由外国的和过去的裁判规范所统治。"但这并不妨碍法学家们去研究这些组织形式。假如情况果真如此，那么人们就可以尝试描述当今的家庭法：这是家庭成员实际生活所依据的法，而不是法院裁判家庭纠纷所依据的法。此外，人们还可以描述当今的所有权，描述它在森林、草场、田野与河流中的形态，而非在民法典里的形态。当然，这项工作不仅需要丰富的学识，特别是历史知

---

① 在罗马和其他地方，邻居之间需要在特定问题上考虑对方。在相邻关系的纠纷中，邻居之间依据习俗而彼此负有责任，这些因素为判决奠定了基础。如此便产生了温德沙伊德在《潘德克吞教科书》（Pandekten B. I., § 169, Z. 1-8）中列举的那些法的条文。即使在今天，邻居之间也会相互考虑，但这一习俗很少成为判决的基础，因为法学家们对它并不熟悉，所以它也就不再能够浓缩为法的条文了。只有在温德沙伊德的《潘德克吞教科书》中列举的相邻关系对所有权的诸多限制（它们从罗马的习俗中产生并且曾经在罗马发生过效力）才为法学家们所知晓，至少在考试期间是被知晓的。

识，也要以强大的现实感为前提。但如果这项工作成功了，完成它的人就应当被誉为大师——"一旦到你手里，便可妙趣横生。"①

但法学还是承担着完全不同的任务。一个人如果期待着创造性的司法审判，那他当然必须期待创造性的法学，著作家的任务同实务家的任务显然是非常接近的。现代法学家的任务本质上与一切时代，特别是罗马时代的法学家的任务并无不同。如果有人认为，罗马人的学派之争涉及的是何为传统法，那么他将彻底误解这些争论；事实上，罗马人争论的是何种判决更公正、更合乎目的。萨维尼和他的嫡传弟子认为法学也是法的渊源，而自从耶林的著名论文《我们的任务》（*Unsere Aufgabe*）发表以来，就不乏呼吁创造性法学的声音。共同法学在很大程度上也具备创造性，尽管它原本并不希望如此。占有、代理、隔地人之间的契约缔结、法律行为中的意思表示错误、授权、承认、为第三人利益订立的契约、不当得利，以及许多其他的法，都可以被视为共同法学的专属成就。当然，共同法学努力将一切都建立在历史材料的基础上，但历史材料顽固地保持沉默，因而这一努力使得共同法学的发展举步维艰。耶林要用怎样的蹩脚史料才能够让他最富才华的创造物，即消极契约利益的学说，合乎他本

---

① 这里借用了歌德《浮士德》中《舞台序曲》里的话。——译者注

人以及同时代人的胃口！

让法官按照传统民法著作的方式细致地解释他可能遇到的每一个案件，这当然不是法学的任务。大多数情况下，法官能够比学者更好地判决单个法律案件。在这里，法学必须向司法学习，而非司法向法学学习。但是，情况可能有所不同。特别是当司法误解了它所遇到的重大的社会经济政治问题并因此误入歧途，或当司法面临一个全新的问题，为了解决该问题必须进行广泛的研究，而那些处在现实生活之中、需要适应并满足不断变化的要求的人（即法官）无力胜任这项研究工作，那么法学的干预就是值得期待的。如果存在一种法学，在其中竟然找不到任何开辟和撼动时代的巨大潮流与努力，那将是非常可悲的。

这种亟待通过法学来解决的最重要的一项任务，就是创建证据法。过去几个世纪的法学已经对此进行了很多研究，某些有价值的研究成果也被纳入了旧时的程序规则。但如果说法律的固定化产生了什么不好的影响，那就是它导致了所谓的形式证据理论，该理论使得证据法僵化，最终令人完全不能忍受。结果就是，形式证据判断（die formale Beweiswürdigung）被自由心证（die freie Beweiswürdigung）所取代，这不仅消除了一切证据制度，而且消除了一切证据规则。这一结果似乎根本不是自由心证的先驱格拉泽

（Glaser）的本意。① 由此产生了彻底的证据无政府状态，我们至今仍深受其害。以下情况最能证明口号对情感的支配力量：法的自由发现被视为巨大的危险，而那种既不受法律限制，也不受任何法学规则限制的司法却完全没有引起愤怒。事情竟发展到这种地步，仅仅因为存在最轻微的违反法律的行为就可以提起上诉，而证据判断中最严重的错误却不能成为上诉理由：这就好比说，一种完全蔑视理性规则的证据判断所产生的负面影响竟然弱于一种没有准确符合法律概念规定的判决所产生的影响。不知疲倦的汉斯·格罗斯（Hans Gross）收集的材料大概已经足够为证据法的建构提供基石了，这种证据法必然不是成文法意义上的法，而是英国证据法之类的法学意义上的法。这样一来，下一代人就能避免一种令人耻笑的判决——在这种判决中，证词不经法院评价就被简单接受，即使证人在涉及事实的内容上不愿意说出真相，甚至由于其精神状态、特殊的社会关系以及在观察能力与记忆能力方面的自然缺陷而无法说出真相，证词仍足以作为判决的基础。

由此证明，当法律科学想要探寻比传统路径更加现代的主题时，它并不缺乏研究领域。当然，如果法学家想要认真

---

① Glaser, zur Kritik des Zeugenbeweises, Gerichtssaal Bd. XXXIII; Glaser, Beiträge zur Lehre vom Beweis.

应对这类任务，那么这些充当机敏的雄辩家的法学家就必须放弃今天仍占统治地位的、大众化的理想，而为另一种理想腾出空间。我们不必为放弃旧的理想感到惋惜。机敏是人类精神中最无益的一种品质。德意志民间传说中的魔鬼往往是机敏的雄辩家，这样的故事情节蕴含着高深的智慧。

社会学与法律学[*]

---

[*]　本文译自 *Soziologie und Jurisprudenz*, Czernowitz: Buchdruckerei "Gutenberg",
1906.

任何人只要将一部法律同一本关于该法律的研究著作进行比较，就会意识到，法律著作的内容体量要比法律本身厚重数倍乃至数百倍。人们当然要追问这一现象的原因。针对一部如此短小的法律，如何能够写出如此厚重的著作？一旦人们提出这样的问题，法学家们有一个现成的可被接受的答案：任何一部法律，即使它已经清晰详尽，总还是留有许多疑问的空间；而解决这些疑问，便是法律研究文献的任务。但如果疑问只能在比法律的内容更为丰富的研究著作中才能被解决，那么疑问的数量必然变得无穷无尽。于是，提出另一个问题就是合理的——为什么法律不能以一种不留下任何疑问的方式被起草呢？如果人们为了澄清法律所规定的一切内容，就必须首先掌握有关这部法律的著作，那么今天的方法还没有取得任何成果。要么法律应该制定得更加详尽，要么法律研究著作就会变得冗杂。

法学家们曾经也是这样想的。他们试图将法律起草得如此详尽，以至于不存在任何有关其含义的疑问。结果就是，法律变厚了，但法律研究著作却没有因此变薄。随着时间的推移，人们意识到，人们添加到法律中的每一个字只会引发新的疑问。今天，几乎所有明智的法学家都倾向于认为，法律越简短越好。法律研究著作里的内容为什么没有被纳入法律？针对这一问题的回答通常不能让人满意。

事实上，只要通过深入研究就能发现，法律同研究该法律的著作之间的区别并非数量层面的，而是性质层面的。法律研究著作并非带来了更多的东西，而是带来了不同的东西。也就是说，它包含着法律科学（die juristische Wissenschaft）。法律科学并不属于法律。如果它被纳入法律之中，就像那些想要把一切事物都交付给法律的人所尝试的那样，那么它就失去了自身的特性。由此便产生了一种混合物，它既不能促进法律科学，又扭曲了法律，并且时常损害其效力。

之所以迄今为止法律总是被人们所关注，原因就在于它是最直观的且最被门外汉所熟悉的法的形式。然而，任何其他类型的法的形式也面临着同样的难题，特别是习惯法。法律科学同法的规范的关系，是法律科学所能提出的最困难的问题之一。

首先应该举一个例子来说明我的想法。《奥地利民法典》的家庭法因其严格的个人主义而闻名，也许是当今欧洲最为个人主义的家庭法。一般而言，妻子独立于丈夫，子女独立于父母，他们彼此近乎陌生人。子女能够拥有自己的财产并且自由地使用它们，就像父母能够自由地使用其财产一样；子女的每一笔收入都使子女自身受益，而非使父母受益。子女有充分的自主决定权，并且能够完全自由地利用自己的劳动力。只有当子女未成年时，他们才处在父权的统治之下。但是父亲，即权利的掌控者，不过是一个监护人。他的任务仅仅在于确保子女不会因为缺乏经验、鲁莽轻率或软弱无力而受到伤害。只有在这个意义上，父亲才能决定子女的财产、劳动力乃至子女的命运。父亲还受到监护法院的监督，该法院旨在裁判子女针对父亲的申诉。

然而，在隶属奥地利的布科维纳（Bukowina），虽然同奥地利的其他地方一样施行了民法典，但父权却十分严重。当地农民或许是唯一尚存于我们这个时代的真正的罗马人，他们知道一种父权（patria potestas），即古罗马法专家完全熟悉的那一种。在那里，子女真正地从属于父亲，即使不是终其一生，至少直到他们 24 岁即完全成年为止；虽然不像当年的罗马那样子女无限制地从属于父亲，但父亲可以支配子女的身体、财产和劳动力。子女不仅同父亲居住时从属于父亲，他们身处国外时也是如此。如果一位"家子"受雇于他人，那么其父亲甚至母亲每个月都会准时地出现在雇主那里，并且心安理得地把工资取回家。父母还可以自由地使用子女的财产及财产产生的收入。如果有人询问，为什么子女平静地接受这一切，那么他会得到这样的答案：反对父权是闻所未闻的事情。

如何解释存在于确定的法的规则与统治生活的规则之

间的对立？倘若让法学家来回答这个问题，他并不会不知所措。他会说，这里涉及的只是习俗与法的矛盾。什么事物是合乎法的规范的，这最终由民法典来决定。而生活中的一些事物却与法不一致，在法的规范之外，习俗也对生活发挥着效力。"如果一个案件诉诸司法，那么它必然根据民法典来裁判"，这观点建立在对事物的草率观察之上。我曾经指出过，具有相似内容和相同性质的规定在罗马法中早已存在。在那里，它们毫无疑问地创造了法，并且一定为司法裁判奠定了基础。我们根本无法理解，为什么完全同类的规范，具有相同本质特征的规范，仅根据它们对司法裁判的影响，就决定其是否应该具有法的性质。这显然是一种完全外在的识别标志。

错误在于，法学家们习惯于仅仅承认从国家中产生的、经由国家的强制力而得以巩固的法，其他一切都只是习俗、道德或类似的事物。法的规范在性质和内容上不同于伦理的规范，正如伦理的规范在性质和内容上不同于宗教的规范、礼节的规范或优良风尚的规范。当然，这类纯粹由社会认可的规范之间的边界是十分模糊的，其中一些规范随着时间的推移也改变了它们的归属。但通常而言，每个人都清楚应该把"孝敬父母"这一宗教戒律归属到哪个领域，也清楚应该把"吃饭时不要把刀放进嘴里"这一规则归属到哪个领域。

曾经有一段历史时期，所有的法都是由社会认可的，而今天仍有大量的法的领域也是这样。这首先适用于宪法，更不用说国际法了。没有人会宣称，不能被法官强制执行的宪法条文——特别是那些旨在约束君主的宪法条文——不包含法而仅仅包含习俗，在某种程度上大臣违反了宪法也不需要负责任。今天的国际法当然不同于那些在国际交往中生效的、纯粹的习俗（"使者驾驶六匹马的权利"）。一条规范是否属于法的规范，只能取决于它的性质，而完全不取决于它对于法官裁判的意义。

这里还有其他问题需要讨论。关键不在于法与习俗之间的矛盾，而在于法在这些案例中向我们展现了它的双重功能——作为组织形式与作为法官的裁判规范。今天，家子无财产的原则几乎仍旧统治着布科维纳，正如它曾经统治着罗马一样，因为两地的家庭组织形式显然是相似的；但是，布科维纳的法律纠纷却是根据不同于罗马的原则来进行裁判的。假使布科维纳是一个独立的法律区域，如果它有自己的立法，那么负责调整家庭法之秩序的立法者就难以摆脱这样一种必然性，即在一切法的形式中认可家子无财产的原则。但实际上，在布科维纳生效的法律是《奥地利民法典》，它的家庭法产生于一种完全不同的家庭组织。它的效力是纯粹外在的。作为一种纯粹的裁判规范，它仅仅适用于极少数父母与子女关系引起了官方干预的案件。在其余情况下，家庭的成长与繁荣有赖于它自己的固有的法，而对裁判规范毫不在意。

下面就是有关法的双重功能的矛盾的一个例证：众所周知，每个社团都必然有一份社团规章。这份社团规章的目的是什么？在这里，法学家也倾向于认为，社团规章用于裁判社团事务中的纠纷，它是裁判规范。但实际上它的任务却有所不同：它必须组织社团；它决定社团的目的、机构、权利与义务、社团财产及其管理，社团成员的权利与义务。如果社团事务中出现了纠纷，那么这些纠纷当然也能够根据社团规章来进行裁判。因此，社团规章首先是组织形式，其次才是裁判规范；此处的裁判规范，就像通常的情况一样，是来源于组织形式的，一般而言在内容层面与组织形式相一致。这同样适用于其他共同体，如国家、市镇、教会、财团等法人共同体，或不具备法人格的共同体。宪法、市政规章、财团捐助、公司章程，也扮演着双重的角色，即作为组织形式与裁判规范，就像社团规章一样。甚至每个家庭都有这样的规章（虽然是不成文的），其规定了父亲、母亲、子女的有关人格和财产的权利。这些规章在每个具体的家庭中都是不同的，但一般而言在同一民族、同一时代是一致的，因为家庭组织归根结底是本民族、本时代占统治地位的传统、伦理观以及经济关系的产物。从一致的家庭组织中产生了该民族的家庭法，它仅仅被视为组织形式。如前所述，家庭法的裁判规范可能具有与组织形式不同的内容。

这种矛盾也解释了接受外国法的现象，尤其是德国对罗马法的接受。被接受的不是罗马的组织形式，而仅仅是罗马的裁判规范。在德国，婚姻和家庭保留着它早先的特征；针对所有权、用益物权、地役权的种种不自由依然存在，而这些不自由是罗马人所不知道的；契约也同以前一样，订立了大量明确而传统的内容。罗马生活的结构并没有因为罗马法之接受而进入德国，因为它们是完全异于德国生活的，无论《国法大全》（*Corpus Juris*）多少次提及奴隶制、要式口约（Stipulation）或解放（Emanzipation）。例外的情况通常只是表面的。在德国，只要时机成熟，遗嘱就可以在继承人不接受的情况下成立，正如在英国和俄国遗嘱可以在继承人不接受的情况下产生一样。直到今天，这种遗嘱在德国按其本质而言并不是真正的罗马式的指定继承人的遗嘱（Erbeinsetzungstestament），而是完全非罗马式的赠与遗嘱（Vergabungstestament）。即使在接受了罗马法之后，生活依然如旧，只有诉讼程序会根据别样的原则来裁判。但对这一原则的限制还将被讨论。

在经济层面，我们的社会是通过所有权、契约和继承权组织起来的。这就是社会的组织形式，当然它们有着非常多样的形态。① 从这些经济组织中产生了所有权人（物的权利人）和债权人的权利，又进一步产生了某些必然被视为异于外国法系的事物，最终产生了大量的裁判规范，这些裁判规范涉及物上请求权、损害赔偿与合同之诉、无因管理以及在不同法系间已然彼此融合的类似事物。由于开化民族的组织形式自从所有权制度产生以来在本质上是同类的，故而他们的裁判规范尽管有着外在的区别，但在基本理念方面是同构的。德意志法学通常把组织形式称作事物的本性，并且从事物的本性中推导出裁判规范。

法的规范作为组织形式和作为裁判规范这双重功能的矛盾在罗马尼亚农民的家庭中表现得尤为明显，因为在那里二者之间存在着明显的对立。幸运的是，情况并非总是如此。正如在罗马，家子无财产的状况不仅与家庭组织相符，也为裁判规范奠定了基础，因此，今天的所有权、地役权、置权、契约、家庭关系、土地、市镇、教会、财团、社团仍然能够或者至少应该根据特定的规范来评判，而这些规范直接产生于上述机制在生活中所采取的形态。一般而言，裁判规范与事物的本性相一致。

---

① "所有权"在经济上也意味着用益物权、出租关系和租赁关系，契约作为一种经济的组织形式意味着担保物权、置权。

如今的法学研究什么？组织形式还是裁判规范？实务法学家当然只关心裁判规范，但由于大量的裁判规范直接产生于组织形式，因此实务法学家也必须了解这些组织形式。对于那些处在现实生活之中的人，这并不困难。他们有着开阔的视野，关注着周围的一切事物，因而很快就能学会自己未知的东西。正如在一切艺术领域，比"认知"（Wissen）更重要的是"感知"（Empfindung），是发生于潜意识中的一切思维过程的表达。无论在"认知"还是在"感知"中，皆存在着程度的差异，存在大法学家和小法学家，小法学家要向大法学家学习。这些就是法律学的开端。它教导法学家从社会关系的生动直观（即生活如何造就了这些现象）中获得评判法律案件的规范。

通常而言，法的实务家对于一切脱离实践的书本知识是完全轻视的。这很容易理解。相比书本，对社会的生动直观能够教会他更多东西。但对于用理论武装起来的头脑，这些文献当然有着不一样的意义。由于裁判规范直接由社会的形态产生，故而它们在某种程度上就是社会形态的投影，并且大部分情况下不能以不同于社会形态的方式被呈现。因此，裁判规范的表现形式必然是社会机制的表现形式，这是由那些致力于观察生活，受过专门训练，并且对事物的现实性有着细致感受的人所勾勒的。在这个意义上，法律学被罗马法学家称为"关于神事和人事的知识"（divinarum atque humanarum rerum notitia），被现代法学家称为"阳光普照下的日常生活的科学"。尽管这类法律研究文献的实用价值不高，但它的教育价值却很大。它让那些还不了解生活的"有志于研习法律的青年"（cupida legum iuventus）从那种为了成为法学家而必须从事的观察活动中解脱出来，而指导他们去从事另一种他们自己原本不会进行的观察活动，这开阔了他们的视野，完善了他们的感知。

因此，这种法律学事实上是一种人类社会的形态学（Morphologie）。人们如果不同时提供法发生效力的那个社会的图景，就不可能讲清楚法。现在我们就明白法律学为什么不属于法律了。法律不可能是一种形态学。如果法律学被纳入法律，它就立刻变成别的东西——从"是什么"的描述变为"应该是什么"的规章。它也失去了使其能够追踪每一个更好的知识以及每一次发展的柔韧性。一个法的学说被另一个学说所取代，这种事情不知发生过多少次，开辟全新发展方向的需要被隐藏在了追求更好知识的借口之下！学说可以轻易解决的问题，对于法律来说却完全不可能解决或不那么容易解决。

以这种方式、由社会形态直接产生的裁判规范，同一切与社会形态相对立的规范发生矛盾。正如本文开头所描述的那样，这种对立可能有着特殊原因。起初，它可能是不经意间发生的。对此我想要给出几个例子。

1. 一项由法律或法学所确立的裁判规范被保留下来，即使相关的生活现实已经发生改变。"法和法律世代承袭，就像永远不能治愈的痼疾。"① 在这个意义上，赫伯特·斯宾塞（Herbert Spencer）认为，法律始终是死人对活人的统治形式。

2. 一项裁判规范被"接受"，被外国接纳，即使它并不符合那里的社会形态。

3. 误解了社会形态的性质，因此错误地制定了裁判规范。

因此存在着两种裁判规范：一种是从社会关系中直接产生的裁判规范，另一种是由于上述原因而被法律或法学强加给社会关系的裁判规范。

在研究裁判规范时忽视生活关系是不可取的，同样地，低估裁判规范对生活的影响也是不可取的。直接源于生活关系的裁判规范在其应用过程中反过来影响了生活。每一次判决都以利益冲突为前提，以斗争为前提，而生活关系很少从斗争中产生，正如它很少陷入斗争一样。只有在斗争中才产生了将两个彼此混淆的领域明确区分开的必要性；人们清晰

---

① 这里借用了歌德《浮士德》中第四幕《书斋》里的话。——译者注。

地意识到"我的"和"你的"、权利与义务，由此出现了一个全新的要素，即使这些边界早已存在。在这里，我们还必须回应一系列问题，对于这些问题，人们无法从生活关系中推导出任何东西，因为生活关系中实际上并没有包含这些问题的答案。倘若要把一块土地的所有权宣布归属于一个新的所有权人，仅仅通过授权该土地所有权在生活层面许可的事务，这是不够的，如原先的拥有者种植的果实、从事的劳动、支出的费用如何处理。倘若要使一份契约生效，仅仅关注它是如何订立的，这也是不够的。人们还必须决定那些当事人完全没有想到的事情：如果应给付的标的物发生毁损，应当如何处理？如果该标的物的类型与预先假定的情况完全不同，又当如何处理？对于这类问题，法律学只能创造性地去发现答案，这种创造的灵感来源于生活关系在诉讼过程而非在和平发展中所呈现的形态。这些裁判规范不是法律学从生活中听得到的，而是法律学的独立创造，它们反过来又对生活发挥效力。

因此，裁判规范无疑能够为生活关系注入新的内容。一旦发生这种情况，它就获得了全新的意义；因为通过这种方式，提前确立裁判规范从而干预生活关系的发展就成为可能。法律学一向都在尝试这样做，但在更大的范围内，国家通过由它产生的法的建构的形式（即立法）来完成这项任务。

裁判规范也经常以构造性的方式影响生活：在法律中，它成为一种独立的社会力量，产生了社会效力。当然，事情并不像人们通常想象的那样简单。人们总是认为，为了实现任意一种效果，只需颁布一部法律就足够了。这假定了如下前提：①颁布的每一部法律都实际地发挥作用；②它产生了制定它的人所预期的效力；③它没有产生不同于预期的任何其他效力。然而，所有这些前提都是虚弱的。

认为每一部颁行的法律都实际地发生作用，这种观点是不正确的。令人难以置信的是，没有发挥作用的法远远超过了那些发挥作用的法。几乎一百年前颁行的《奥地利民法典》就有许多段落没有在生活中留下痕迹，废除它们对于生活而言没有任何影响。这类段落的数量占总数的三分之一，这也许不算过高的估计。其中一些段落看似包含着具有深远影响的规定，似乎能够于任何时刻适用，但它们在整个格拉泽－翁格尔（Glaser-Unger'schen）的最高法院判决汇编中一次也没有被提及，而这个汇编已经包含了 15000 个判例。但是，如果一个法条被适用于一项判决，这一事实并不意味着该法条实际地渗透进入生活之中，并且影响了商业活动和社会变迁。一个法条完全没有达到预期的效果，或者产生了在其起草时完全没有预期到的效果，这都是人们每天在经历的事情。19 世纪上半叶有关宪法的文献有多少？其中是否有一个宪政形式的最重要的结果是仅仅由一句话来表明的？我指的是这样的结果，宪法打破了原先来自首都的决定性的影响。很少有人料到，当初在奥地利对宪法呼声最高的人现在却受宪法之苦最深，他们就是德意志式的中央集权主义者。作为一个宪政国家，奥地利不再是德意志的。眼下，德意志的维也纳以及德意志维也纳的官僚在极大程度上放弃了对本国的斯拉夫省区的影响，而这种影响原先是占据主导地位的。如果历史不是一门从中基本不能学到任何东西的科学，那么想要通过一部新法律来治愈一切社会弊病的人就必定会明显减少。

人们必须习惯这样的观点，即某些事物不能通过法的规章而被实现，法的力量有着非常狭窄的边界。人们必须习惯这样的观点，即对于法的规则所产生的结果而言，立法者的意图是无关紧要的。一旦发挥效力，法就走上了自己的道路：法条是否有效，是否如其所愿而生效，这仅仅取决于它是否是取得这一成果的恰当手段。最后人们必须习惯这样的观点，即对于一个法条的结果而言，法学家的解释并不具有权威性；其他条件更为重要：民族的特性、该民族的社会分层与构成、占统治地位的伦理观、被要求实施这些法条的人的本性、贯彻这些法条的权力手段、争议程序的类型。

此处我也想要引证一个例子。大约 20 年前，作为嘉宾前往布鲁塞尔参加正义宫（Justizpalast）开幕式的奥地利法学家们惊讶地听说，约瑟夫二世皇帝在比利时被尊崇为引入口头诉讼程序的人。实现这一奇迹的法律就是《普通法院规则》，也就是饱受争议的《约瑟夫法案》（*Josephina*），它在奥地利已经施行了超过百年，但在这里没有人相信它有创造口头诉讼程序的能力。《普通法院规则》当然规定了"在农村"（当时一般是省会城市以外的地区）应当进行口头诉讼程序。在奥地利，口头诉讼程序通常意味着不需要递交书面诉状，而是采取庭审记录的形式，将该记录交给法官；当然，有时候当事人会在审判当天表达他们的意见。但诉讼总是仅仅基于庭审记录来作出判决，并且通常是由没有参与庭审的法官作出的。相反，在当时的奥属尼德兰，口头诉讼程序得到了严格对待。该程序实际发生于法庭之上，最终才形成了庭审记录；主导审判的法官即使参考了庭审记录，也是基于口头庭审的印象来做出判决的。因此，同一部法律在奥地利产生了根据庭审记录的、间接的诉讼程序，而在尼德兰产生了口头的、直接的诉讼程序。区别不在于法律，而在于民族的特质。

因此，对于一项法的规则而言，发生于该规则领域之外的变革可能是重要的。今天，人们认识到，罗马的法律为德国的共同法奠定了基础，但实际上罗马法未曾作为共同法发生作用：任何对《国法大全》进行罗马式的阐释并基于这种观点来适用该法律的尝试都失败了，因为对于两个完全以不同的方式组织起来的社会，例如罗马社会和德国社会，不可能让同样的法都发生效力。在奥地利，人们经历过这样的变化，新的民事诉讼规则没有改变民法典中数百个段落的任何一个标点，但它却具有了完全不同的面貌。根据奥地利法，需要反复的、严重的虐待以及非常明显的、反复的侮辱才能导致天主教婚姻的分离（桌床分居），需要反复的、严重的虐待才能导致非天主教婚姻的离婚，然而，今天我们的法院所理解的严重的虐待与侮辱完全不同于1811年（即该规定出台的时代）的理解：相关的伦理观已经发生了改变。今天仍然生效的刑法的大部分规定都产生于1803年：尽管如此，如今一个贫困的可怜人因饥饿而偷窃面包一定会受到不同于百年前的对待。

综上可见，对于法而言，不仅有纯粹法律的研究，还有社会的研究。纯粹法律的研究主要从立法者的思想与精神出发来解释每一条法的规则；历史法学的研究也没有太多的不同，它希望从法的规则得以产生的那个时代的思想和精神出发来理解和运用这些规则。法律和历史法学的研究方法在德国历史法学派中找到了最终的表达。历史法学派在论及传入德国共同法的罗马裁判官法之时，想要重视历史上罗马裁判官的想法，而这一切又是以如下事实为前提，即优士丁尼皇帝将它们收录进《国法大全》并且没有赋予其以不同的含义。社会科学的研究则提出这样的问题：法条如何发挥效力？它产生了何种程度与类型的社会力量？无疑，立法者的意图是不容忽视的，因为它也是一种社会力量；但是，这种力量只有同其他力量一起才能发挥效力，并且它总是非决定性的力量。显而易见，纯粹法律和历史法学的研究不具备科学性与教育性。它是非科学的，因为它是单向度的。单向度与科学性是矛盾的。它是非教育的，因为它是荒唐的，它只是讲授应当生效的东西，而忽视了实际生效的东西。

这种法学与其他科学的关系如何？它在科学结构中占据何种位置？在这里，对建构一套科学系统的诸多努力做出评论也许是多余的：只要它们立足于彼此不同但对自身而言是正当的立场，它们就是正当的。对于我的目的而言，孔德（Comte）[①] 的旧结构是最合适不过的，斯宾塞也接受了他的基本思想。最合适的就是他的简单性和统一性，以及他建构科学层级的方式，每一个层级都建立在前一个的基础上并且利用其结果；当然，他认为各门科学在时间上先行后续的看法是难以接受的，并且必须暂时予以排除。孔德的科学层级认

---

① 　一些小的改变：天文学不应被视为独立的科学，它是物理学在宇宙领域的应用。心理学亟待现代的发展。化学是分子物理学。

为：数学，即关于抽象数量的学说，是一切科学的基础；物理学紧随其后，这是利用数学结果研究物质体的学说；而后是生物学，这是建立在物理学基础上的、研究生命体的学说；之后是心理学，这是研究生命物质之意识的物理学；最后是社会学，其本质是群体心理学。如果说孔德没有提到历史学，这符合法国人的观点，即历史不属于科学（sciences），而属于文学（belles lettres）。德国人有两种选择，或者将法国式的科学结构用于法律科学领域，由此就排除了历史学，也排斥了地质学、地理学、动物学、植物学、矿物学；或者将物理学和生物学等描述性自然科学、历史学以及民族学、统计学、社会学都纳入其中，无论是作为素材还是作为独立的领域。在孔德的科学结构中，服务于纯知识的科学同服务于实践的、为了实践目的而利用科学研究成果的科学之间的明确分野是基本合理的。没有这种划分，科学的结构是不可能存在的，因为为了达到实践的目的，研究成果可以被运用于完全不同的科学领域。唯有进行这种划分，法学才能够被赋予恰当的地位。

无疑，法律学首先是一门实践的学科：它教导法在实践层面的应用。数千年来法律学都是如此存在的。但如前所述，只有当法律学成为一种人类社会的形态学，并且对在社会中发挥作用的力量及其本质与尺度有所研究时，它的实践

71

任务才能被彻底完成。于是，法律学（Jurisprudenz）就成为法学或法的科学（Rechtswissenschaft），也成为法作为社会现象的学说；如此这般的法学就是社会学的分支。为了避免任何误解，必须特别强调，此处仅仅讨论奥古斯特·孔德（Auguste Comte）意义上的、于 19 世纪的进程中逐渐发展成为一门特殊科学的社会学。它是一门关于群体构成的自然科学，在孔德的意义上首先是关于人类群体的构成，当然这一限定既不必要也不可取。它的目标仅仅在于研究和澄清社会机制。对它而言，社会发展的趋势与意愿仅仅作为研究的对象；其任务不在于服务这些趋势和意愿，亦不在于以任何方式去推动它们：我不强加任何事物，我不建议任何事物，我只作揭示（je n'impose rien, je ne propose même, j'expose）。它必须与社会政策严格区分开，正如必须与一切其他政策和政治经济学区分开。当然，理论层面的国民经济学，即研究和描述经济现象的形态与规律的学说，属于社会学。

法律学发展成为法学并且成为社会学的一个分支，这与其他领域的发展过程完全一致。一切理论科学都根植于实践学科。如果没有历法与占星，就不会有天文学；没有土地丈量，就不会有几何学；如果人们没有尝试从非贵金属中提炼黄金，就不会有化学；几乎整个生物学都是从过去几百年的医术中发展而来的。人们普遍认为，近几个世纪以来科学研究的巨大繁荣应归功于科学工作目标的转变。这种繁荣不仅意味着我们的知识丰富到了难以想象的程度，我们的技能也因此得到了提升。如果科学工作始终仅仅追寻实践的目标，那么它也不可能真正取得实践意义上的成果：为现代医学与现代技术奠定基础的是研究者而非实践者。因此，我们也许可以表达这样的希望：法学家们也将不必为法律系转变为社会科学系而感到惋惜。

总之，社会法学正处在发展轨道上。它渐渐地取得进步，正如精神领域的一切伟大成就一样。在百年前的德国，法的历史学派首先说道：它的意义就在这里，而不在于存在着根本缺陷的教义学和立法政策。几乎无可估量的贡献出自耶林（Jhering）和个别日耳曼学者。近年来，一个全新时代的迹象与日俱增；当然，人们还没有自觉地、明确地开辟这个时代。数年来在法国开启的一场运动更加明确。萨莱耶（Saleilles）是巴黎的领袖，在也许并不缺乏优秀思想家的法国法学界，他属于最优秀的思想家的行列。惹尼（Gény，曾任教于第戎大学，现任教于南希大学）在其著作《实存私法的解释方法与渊源》（*Methode d' interprétation et sources en droit privé positif*, Paris 1889）中搜集了几乎无可估量的材料。里昂的朗贝尔（Lambert）特别值得一提。他在一部鸿篇巨制《比较民法的功能》（*La fonction du droit civil comparé*）中陈述了他的学说，该书具有导论性质的第一卷已经出版。这是一部开创性的著作，它的文风卓越、学识丰富，有力地奠定了新社会法学的基石。[①] 在这里我仅想指出我自己的一些工作，这些工作在时间上早于法国人并且独立于他们：法国人提出的一些纲领性的内容，我已经在其他地方[②] 予以了发展，并且尝试在若干专题著作中进行阐发。

实践的法律学同这种社会法学的关系，就好比医学同生物学、建筑学同数学和物理学的关系。因此也可以说，法律学绝不会被完全并入理论法学之中；我们始终需要这样的指导，帮助我们架起从知识到技能的桥梁。在一个非常重要的领域，我们已经看到：没有任何一个实践学科仅仅从单一的理论科学中获得灵感，园艺家除了植物学的知识之外还必须掌握多么丰富的知识！当然，迄今为止的法律学仍使用着贫乏到难以形容的材料：一些实定法的知识，而且几乎只是法律的知识，再加上一些在传统手册中查阅到的技巧，还需要一点点逻辑以及声名狼藉的"健康的人类理性"，以便塑造出一名"优秀的实践者"。人们逐渐认识到，这些条件并不足以让"优秀的实践者"处理好相对简单的任务——正是基

---

① 施滕贝格（Stemberg）的杰出著作《一般法学》（Allgemeine Rechtslehre, Leipzig 1904, Sammlung Göschen）与法国人的学说十分相近。

② Freie Rechtsfindung und Freie Rechtswissenschaft, Leipzig 1903.

于这种认识，各行各业的专业人士才有其存在的意义。专业人士应该把知识传递给不同领域的法学家，这些知识正是法学家完成其工作所需要的，但他并没有把获得这些知识当作自己的任务；这是一个可怜的权宜之计。这些专业人士到处催生新的法律学科：其中最重要的就是法医学，它原本就是一门医学法律学。当然，人们时刻都能确信，法医不可能取代医学领域的法学家。

即使在这一发展方向上也酝酿着某种变革。科学工作的成果在法律领域的熟练应用日益获得理解。首先是经济政策和社会政策：我们如今似乎距离它们还如此遥远，但这一天很快就会到来，那时人们将认识到，没有经济政策和社会政策就不可能有法律学和名副其实的司法。汉斯·格罗斯（Hans Groß）的著作以另一种方式发挥了开创性的作用：由他奠基的犯罪学首先意味着自然科学与技术被应用于实现刑事司法领域的目标。心理学的价值是不言而喻的：如果法学是社会学的一个分支，那么它就直接吸收了社会心理学，因为社会的事实无非就是人群现象中的心理的事实。但此处涉及的问题是把心理学应用于法律技术。近年来人们可以阅读到许多关于证人证词心理学的著作。事实上，这些著作几乎不能给心理学家带来新的内容，却给法学家带来了新的内容。令人难以置信的是，证人证词在司法审判中如此轻率地被采信。人们几乎想要强调，这并非出于恶意。人类感知的不可靠性、易被暗示的倾向，这一切早已被所有专业人士所知晓，唯有法学家还不懂得。主审官经常向辩护方（而非检察官）喊话：请您不要提任何暗示性的问题！但大多数人总是忽视如下事实：主审官和检察官除了暗示性的问题之外几乎不提任何问题。

总之，法律学必须作为一门纯粹的实践学科，这一发展方向已经被确定。通过将其社会科学的内容交给社会学，法律学重新占领了它最原初的领地。

习惯法的事实*

* 本文译自 *Die Tatsachen des Gewohnheisrechts*, Leipzig und Wien: Franz Deuticke, 1907.

尊敬的在场嘉宾！

由衷感谢我的同事们委任我以一年之期作为我们大学的对外代表。根据学术传统，我需要在就职之日从我毕生奉献的科学领域中选取一个研究对象进行演讲。为此我选择了习惯法，这是上百年来学界最热门也最众说纷纭的议题。但我将不会讨论习惯法本身，而是讨论习惯法的事实。法和法的关系皆为思想之物，它们并非存在于可以被感官觉察的现实之中，而是存在于人们的头脑里。如果没有对其进行思考的人，就不会有任何法，也就不会有任何习惯法。但正如其他地方一样，此处我们的思想是由那些来源于可把握、可感觉的现实世界的材料形成的。我们全部的观念都以我们所观察到的事实为基础。当人的思想开始在头脑中领悟法和法的关系之前，法的事实必须预先存在。现在，当我们决定讨论法和法的关系时，一定也已经有特定的事实存在了。今天的演讲就涉及这类事实。而法律的作用，即由国家立法权力产生的规章制度如何规定了人们安排其未来的行动，在今天的演讲中是不予讨论的。

当今的法学家习惯于考察一个由法和法的强制所统治的世界。法学家们将他们的世界观，即法和法的强制优先于其他一切事物的世界观，归结于这个属于他们自己的世界。失去了这个世界观，法学家几乎不能想象人类的共同生活。对于法学家而言，一个非经官方机构批准组建或至少监督组建的家庭，一个不受法庭保护的所有物，一份不可诉讼的合同，一笔无法通过法律途径实现的遗产，至少作为普遍现象是不可能存在的。因此，在他们的思想中，法的秩序、法庭和法的强制是统一的，进而法的强制和法庭裁判是统一的，而这一切又是以固定的法的规范为前提的。因此，法学家们习惯于到处寻找法庭、法的强制和预先规定一切的固定的法的规范，并总是在其中发现一种法的秩序。

然而，训练有素的法学研究者的目光却错过了如下事实：在我们所熟知的，受法庭、法的强制和法的规章约束的社会之前，尚存在另外一个社会。在这个社会中，一切法的秩序都还是陌生的，但它仍享有一般的秩序。这种秩序来源于人们已然承认特定规则对他们行动的约束力并且在这些规则的统治下进行部分行动，从而追求相似的目标并在一定程度上实现了这些目标，正如后来人们生活在固定的、由法庭掌控并发挥着法的强制作用的法的规范的统治之下。至于我们是否需要谈论一种法的秩序，这当然不是问题的关键。此处与我们照面的首先是纯粹的事实。对于法学家而言，"事实"并不是法和法的关系。然而，这些事实已经是作为萌芽的和正在生成的法和法的关系，并且我们在随后产生的事物中又能发现同类的事实构成。所以我们必须考虑到，在这个发展阶段上存在一系列规则，人们以这些规则指导自己的行为，而对于这些行动着的人们，预先存在着特定的、自觉或半自觉的观念、感知、感觉以促使他们遵守规则。正是从这些规则和行为以及与之相伴的观念、感知、感觉中，最终生成了法的秩序。

但即使在那些已然存在完善法的秩序的地方，我们还是能随时碰到纯粹的社会机制（Einrichtungen）。这些机制在一定程度上与法无关，所以它们能否被视为法的机制也是值得怀疑的。随后，我们还会遇到属于同类的机制，它们获得了法的承认、处在法的规范中、受法庭保护。即使在这里，我们也值得去追寻从纯粹社会生活关系过渡到法的关系的道路。即使在这里，探究作为生活关系在其纯粹社会生存意义上之根据的那些观念、感觉、感知，对于法学家们而言也有着最大的价值，这些观念最终使生活关系获得了法的承认。同样的指责还会以另一种形式出现：完全同类的生活关系出现在不同国家里，时而作为法的秩序的组成部分，时而又不是。的确，在同一个法系内，我们有时会看到同一类的生活关系，有的被置于法的秩序之中，而有的（有时甚至是具有重要意义的生活关系）却被拒于法的关系之外。最后，无疑还有这样的情况——一种生活关系随着时间流逝，完全失去了法的效力，但始终作为社会关系而存续着。

可以证明上述内容的例子不计其数，我们仅仅指出几个。罗马的裁判官所有权（das römische prätorische Eigentum）在它由裁判官（Prätor）以法律手段赋权之前，无疑已经在生活中长期存在了；正如其他法的秩序一样，罗马法在可诉讼的契约（contractus）之外总有着不可诉讼的简约（pacta），就部分而言，这些简约至少是同等重要的。即使在今天，我们也不会轻易同意与一个朋友达成约定，让他在一辆即将坐满乘客的列车上为别人提前占据一个座位，我们不会建立这种具有强制效力的关系，尽管它也许关乎非常重要的利益。此处，我们面对的都是生活关系，这些关系中的一部分随后被接纳为强制性的秩序，当然某些本质性的东西没有改变，而另一部分同类的关系却始终处在强制性秩序之外。一种无疑总是法的关系的生活关系就是婚姻。东方就有若干种类的婚姻，而罗马很早以前就在有夫权婚姻（Manusehe）之外存在着自由婚姻（gewaltfreie Ehe），随后大概还有万民法婚姻（matrimonium juris gentium），最后未婚同居（Konkubinat）也在一定程度上被纳入了法的考察范围。与之相对，在基督教文明的环境中，我们当然不会只有唯一一种在法律上（gesetzlich）和伦理上（sittlich）完全等价的婚姻形式。对我们来说，法拒绝承认那些事实上已经发生的两性关系，而在别的地区却不是这样。如果贵族最终在法律上被废除（就像在我们的邻邦所发生的），那么他们仍会在社会意义上长期存续，正如人们始终确信的那样。同样，世俗婚礼和离婚的推行完全不会消除或者不会立即消除教堂婚礼与婚姻的不可拆散性的社会效果。

现在需要讨论，何种因素使生活关系带上了法的关系的印记，或者说何种因素在控制法的关系的印章？这当然不能归因于法律、法庭或其他官方机构的承认，因为它不是一项特质，而是这种关系的历史偶然。生活关系是否在任意一部法律中被提及，这完全是次要的，原因很明显，浩如烟海的法律并不能包罗丰富多彩的生活。那么，将生活关系诉诸法庭或其他官方机构的可能性又如何？人们应该如何看待那些从来没有并且未来也不会同法庭和官方机构打交道的生活关系？如果在法律和迄今为止的司法裁判中都不存在相关线索，法庭和官方机构对它们具有何种效力？这正是此处涉及的情况。毫无疑问，在无数的生活关系中只有很特殊的一部分才会引起法庭和其他官方机构的注意。我们的生活并不是在官方机构面前进行的。有成千上万的人，他们踏入了不计其数的法的关系，却完全不必向法律机关起诉。毕竟，与立法和司法保持遥远距离的生活关系也是有规则的，正是在这种形成生活规则的情境中，并不存在判断人们是否涉及法的关系的因素。法庭和官方机构能够做什么和他们认为必须避免做什么之间的界限每时每刻都在变化，这不仅发生在立法领域，也发生在实际的惯例（Uebung）之中。任何这种变化，任何不经意的波动，是否也会影响那些从来没有或未来不会被提交至法庭的生活关系？

人们当然会向我提出异议，认为我混淆了法（Recht）和习俗（Sitte）。我并没有混淆它们，我尤其注意将法和习俗很好地区分开来。我只是要表达，从国家中产生的规范、由法庭和其他机关掌控的法的强制，构成了法的一项本质特征。法和习俗彼此区分，如同习俗的规范和伦理的规范彼此区分——习俗（Sitte）和伦理（Sittlichkeit）本来也是不同的——这些规范又不同于宗教的规范，也不同于其他更不重要的规范，如礼节（Anstand）的规则、行为举止（Ton）的规则、风尚（Mode）的规则。法是被社会主流群体视为国家秩序、社会秩序和经济秩序之基础的社会机制和准则。问题的关键在于，它们是否被视为这些秩序的基础，而不在于它们是否就是这些秩序的基础，问题也根本与社会主流群体围绕着基本的准则和机制所建立的那个防护墙无关。在古代，国教始终属于基础性的国家机制，但古代国家只是在特殊情况下才有必要针对反抗者而采取保持信仰统一的措施。从中世纪直到18世纪，主流人群在这个问题上的态度很明显是不同的，而今天又完全不一样。在每一个社会的低级发展阶段上都存在这样的感知：现实的婚姻只可能发生于处在紧密的社会联系与民族联系中的人们之间。关于合法婚姻（connubium）的规则是一项法的机制，因为它被视为社会秩序和国家秩序的基础，虽然人们很少听说有法来对它进行的强制实施。类似的感知今天还统治着广泛的领域，但除去特例外，它们都和法完全无关。没有人将它们视为国家秩序和社会秩序的基础，它们仅仅是习俗。不言而喻，并不是每一个被主流人群当作国家秩序、社会秩序和经济秩序之基础的社会机制或准则都同时是法和习俗，但它一定是法。

全部社会机制，部分进入法的领域，部分绕开法的领域，部分停在半道上，它们对于法学家和法律史学家是最为重要的。因为这里是制造"法"的真正的车间。法的渊源的学说，法律和习惯法的学说，都可以从这里开始着手。这在本质上就是迄今为止的整个法律史研究的同一个问题：事实的关系如何成为法和法的关系。

针对这些问题，人们应该去研究人类社会的基础性机制。首先是从中成长出当今社会的那些共同体与联合体：家庭、氏族、城镇。之后就是社会中的统治关系、家庭法的权力、监护、奴隶制、附庸制以及其他的雇佣关系。紧接着是关于土地的法权关系，它构成了所有社会秩序的基础。进而是法律行为的法权，也就是人们采取这种行为以获得法的效力。最后是继承权，即有关死者遗产的继承秩序。

社会生活的第一个事实是人的群体。我们看到它在原始时代有不同的形态，例如氏族、家庭、家族共同体，之后有村社共同体、市场共同体。氏族和家庭是原始形式。至于究竟哪一个才是最初的形式，究竟是氏族作为充分发育、逐渐长大的家庭，还是家庭迟于氏族并在氏族之中产生，今天仍没有答案。但我并不疑惑氏族和家庭是怎样产生的。正是一种社会性的感知将人与人黏合在一起，而这种感知来源于人们认识到，个人依靠群体的力量比单纯依靠自己的力量能够更容易也更有成效地为了生存而同自然以及同他人斗争。显然，从人们组成群体开始，更强的社会化的能力就成为他们生存斗争的武器。它使得那些自私与兽性占主导的人逐渐被排斥和被毁灭，而有社会化能力的人则作为强者存活下来，因为其受益于整个群体的力量。这样，自然选择和遗传就塑造了更加社会化的人类。这种彼此依赖的共同归属感创造了氏族，而在畜牧和农耕群体中，在特定的经济基础上，父系家族共同体通过共同祖先起源的意识得到了强化，正如从定居的氏族中发展出了村社共同体和市场共同体。

　　因此，这些并不是法的条文（Rechtssätze），而是人们原始的社会性的感知，它们为人类创造了最古老的制度。根据今天的表达，那些建立于其上的秩序只可以被称为习俗。这些习俗如何转变为法呢？这个问题当然不容易回答。我们越是在时间上回溯习俗和法，就越是难以将它们区分开——很少有法律史领域的研究结论能够像这个结论一样获得如此广泛的认可。但人们可以假设：正是向着更高统一体的联合，例如氏族联合为部落、部落联合为氏族国家，才首次使得法的思想在这个领域产生萌芽。自此以后，氏族和家族的制度逐渐转变为部落秩序和国家秩序的组成部分，个人之于家庭和家族的从属关系、群体中首脑的职权和成员的义务都不再由他们的感知和偏好所确认，而取决于与他们相联系的其他群体的承认。一旦人们普遍地认可习俗是部落制度和国家制度的基础，它就转变为法。

　　我现在转向讨论统治关系和服从关系。有两种不同类型的服从：一种是从家庭联系中产生的——小孩对父权的强制力的服从，妻子对婚姻中夫权的强制力的服从；另一种是纯粹社会起源的服从关系，即奴隶制和附庸制。显而易见的是，不同类型和多种层级的统治关系与服从关系尽管存在于人类社会的全部发展阶段，包括今天只有欧美最发达民族才能达到的阶段，但它们都能追溯至法的规章。日常生活中，这样的观点似乎普遍占据着统治地位：法就是那种使妻子服从于丈夫、使小孩服从于父权、使被监护人服从于监护人、使奴隶和附庸服从于主人的东西。但实际上，正如在其他情况下一样，法在这里也只是一种特定的事实关系的表达，而不是它的原因。每一种统治都仅仅是被统治者的无保护状态和求助状态的另一面。他被统治，因为他没有法的保护；他不被法所保护，因为他太弱小以至于不能保护自己。原始时代的法的保护源于自助与自卫。共同体首先为那些拥有完整能力的成员提供法的保护，这些成员在任何情况下都能够凭借自己的力量抵御攻击，并且能够应他人的要求提供帮助。妇女、儿童、尚未具备武装能力的青少年都没有这样的能力，因为他们太弱小；单独生活的异族人没有这样的能力，因为他们没有得到共同体的接纳；被征服民族或部落的成员没有这样的能力，因为原来的共同体给予他们的保护在面临征服者的优势力量时已经失效了。所有的这些人，妇女、儿童、异族人、被征服者，皆处在那些愿意为他们提供保护的人群（配偶、父亲、主族人、征服者）的强制力之下。那些对自己的力量不信任的人自愿地接受他人的保护。如果他不能为自己找到保护者，那么他就从属于那些侵略了手无寸铁者并为他们的生命提供保护的人，他就变成了这些人的奴仆。归属于主人的弱者不再是无助的，因为如今每一次对他的侵犯也是对他的主人的侵犯。[①]

保护关系一定有经济前提。统治是为了统治者的利益，而不是出于对被统治者的爱。只要人们尽自己最大努力都不能创造出比勉强维系自身基本生存之所需的更多的东西——正如那些贫穷的狩猎者和畜牧者的情况——那么他们也不会有任何主人。在这种条件下，统治不会为统治者带来任何利益。因此，被俘获的敌人并不会被当作奴隶，而是被屠杀，或者在特殊情况下被释放回到自己的民族。唯有女性在这个发展阶段中是有价值的，因为她们不仅仅是经济剥削的对象，还是性剥削的对象。出于这个原因，女性被保留下来，并从事男性因认为有损尊严或太过费力而拒绝从事的工作。

因此，原始社会的统治建立在两个事实之上：被统治者的手无寸铁，强者对他们的经济剥削和性剥削。一旦氏族转变为更高级秩序的联合体，转变为部落和国家，这些事实关系也将会转变为法的关系。因为那些联合体总是统治者的联合：妇女、儿童、奴隶并不参与统治；而且统治者的矛头不

---

① 一位了解非洲的奥地利海军军官曾告诉我，他认为斯坦利（Stanley）的成功很大程度上归功于他与黑人挑夫签订的契约。其他前往非洲的旅行者通常会在特定部落地区雇用短途挑夫，而到达边境时就与他们解约，并按照相同的条件寻找其他挑夫。相反，斯坦利在海边就雇用挑夫参与整个行程。这些非洲黑人大多在其部落边界之外失去了法的保护。每当斯坦利进入陌生地区，他的商队就是挑夫们唯一的避风港，他们无条件地受他支配。他是挑夫们的保护者，因此也是不受限制的主人与统治者。

仅针对外部的敌人，也针对内部的暴动——即使这也许是无意识的。因此，氏族国家已经是一种统治秩序，并且事实上的统治关系在这里也转变为法的关系，因为它被视为国家秩序的基础。

只要这两个事实性的前提（弱者的无助状态和在此基础上的经济剥削）改变了，国家内部的统治关系的性质就会发生改变。前国家社会不能保护弱者与无助者，而国家能根据其权力手段增强保护。一旦对于家庭中的服从者即妇女和儿童而言，独立自主的法权保护已经得到保障，那么家庭法的权力在一定程度上就失去了自我保护的财产法权的属性：父权的强制力和监护权的强制力将转变为一种公共职责，夫权的强制力转变为丈夫在法权上对妻子的代表。但在涉及维系统治秩序时，国家又拒绝提供法的保护，因此弱者的手无寸铁状态就转变为无法权保护状态，转变为奴隶制。定居耕种土地的奴仆随着其经济意义的提升而转变为附庸。由于经济关系的发展，劳动力的价值提升了，而附庸的经济意义也随之提升，这导致了更加宽松的附庸制的形式并最终导致了农民解放（Bauernbefreiung）。而统治者政治权力的优势以及更彻底地利用土地的需求又导致了圈地运动（Bauernlegen）。

有关土地法的情况又如何呢？它已经是将我们星球上的土地分配给人们的法的条文了吗？如果我们仅仅考察从习惯

法中产生的土地所有权，我们会发现，它不过是土地经济制度的法律表达，它如此紧密地伴随着土地制度而成长，以至于土地法不可能呈现出与整个土地制度完全不同的形态。谈及狩猎民族和畜牧民族时，这又意味着什么呢？很明显，一般而言这些民族还不知道土地所有权。对于其所占用的地区，他们仅仅意识到一种允许每位部落成员从事狩猎和放牧的部落主权。而即使是最早的农耕民族，也以草田轮作制等方式，对开垦的土地形成了至少是由法的自主权力所保护的占有状态。二圃制轮作和三圃制轮作产生了固定的关系：农庄和园地的不受限制的所有权，针对定居于农庄的各个家庭的田地分配，在耕种零散土地时由于强制轮耕和相邻权而受到限制的所有权，公地里的森林和草地的共同所有权。所有这些关系由于在逐渐强化的氏族国家中得到承认而转变为法的关系。只要人口的成长使得更加有效地利用土地成为必要，曾经建立起来的土地制度就会发生改变，而土地经济制度的每一次变迁也意味着土地法的改变：首先停止在固定的时间段内重复分配田地，然后禁止开垦公有土地，最后将公有土地大部分都予以分配。从土地开垦中发展出来的大地产与农民的地产没有什么不同。大地产的起源以大量追随强大领导者的群众为前提，这些群众是由处在雇佣关系中的自由民或非自由民组成的。在这里，土地开垦者的法权关系也是由土地制度直接给定的。但这种法权关系受到同地主（也是雇主）的关系的显著影响。不言而喻，这也是一种经济关系：它取决于经济运行的方式，即地主如何压榨与利用他的附庸、奴仆和那些与他形成雇佣关系的自由民，以及这些人为地主做了什么。但这也是一种保护关系：双方所获利益的尺度与类型由统治和保护的尺度与类型来决定。

但是，土地经济制度与土地法的联系不适用于那些建立在国家干预和分配之上的大地产，也就是那些不建立在习惯法之上的大地产。这正是大地产的一般的起源类型。不同于农民的经济性的所有权，这是一种统治阶级的政治性的所有权。归根到底它是统治者的政治地位的法律表达。罗马公民（populus romanus）主张行省土地（solum provinciale）的所有权，英格兰国王宣称自己是整个英格兰土地的所有者，这意味着，他们根据征服者的法任意对土地进行支配。"没有无主的土地"（nulle terre sans seigneur）这一原则仅仅反映了如下事实：国王和贵族成功地打破了农民关于地产的反抗。国王把无主的或者有人定居的大片土地授予他的大臣，这只不过是国家权力地位的流露。同样地，当中世纪的行政官和诸侯迫使臣民承认其所有物是他们的封建采邑时，他们就拥有了对森林、河流、矿藏的法权。如果没有由国家统治阶级所独享的国家权力的帮助，圈地运动在任何时候都不可能大规模地实现。[①] 但正因如此，这些大地产建立在国家强制力干预的基础之上，它们在法的意义上独立于土地经济制度。

还存在另外一种国家干预，它也导致了独立于土地经济制度的土地法：土地解负（Grundentlastung）。在古代已经进行过大量的土地解负。大约公元 4 世纪，在罗马人的城市里，至少是在城市的周边地区，就发生过尚未被明确证实的土地解负。土地解负在英国发生于 1660 年（查理二世 12 月法案），在法国则在经历了多次早期尝试后于 1789 年推行。其余欧洲国家于 19 世纪也几乎普遍实现了土地解负。

一切土地解负的目的都在于允许彻底地利用土地，并消除所有权人达到此目的的全部顾虑。因此，根据不受限制的罗马法所有权的概念，其结果就是一种尽可能不受任何限制的土地所有权：所有权人可以做任何行为，只要这些行为不是因公共利益，也不是因他本人或其前任占有者明确为这块土地设定的义务而被禁止的；所有权人不承担任何义务，他个人并没有为自己设定任何义务。这几乎是一种纯粹法律意义上的所有权，不再与土地经营有任何联系，这是一种同样适用于动产和不动产的所有权。对于罗马土地法的纯粹法律

---

① 一个最著名的例子就是苏格兰高原的大地产的起源。当英格兰人在卡洛登战役后摧毁了盖尔人（Gälen）的古老的部落制度，他们就直接宣布部落头领是这块迄今为止构成部落共同体的土地的所有者。英国人在孟加拉地区也明显采取了类似的措施。

性质，没有什么比法学家们不断重复进行的如下尝试更为典型了：他们用罗马法的概念来建构不同种类的，特别是德意志法的土地关系。这非常有趣，它证明了罗马法除了提供非常清晰和固定的术语之外，几乎没有给土地法任何东西。事实上，中国的土地法无疑也可以用罗马法学家的语言来表达。如果不密切联系事实层面的土地经营情况，就不能描述原始的土地法，而罗马的法律文献以及效仿罗马法的现代法典无法为我们提供关于各种土地制度的任何答案。我们必须从其他来源中努力寻求答案。

因此，土地习惯法的事实就是土地经营的类型。尽管毫无疑问存在着与土地经济制度无关的土地法，但它绝不是在习惯法意义上产生的，它的起源仅仅归功于国家的干预。

现在我们来研究法律行为（Rechtsgeschäft）。德意志法学界近来习惯于将当事人所从事的、为了获得法的效力的行为称为法律行为，并将其理解为"法的行为"（Geschäfte des Rechtes）。在他们看来，这些行为，包括合同、遗嘱、赠与，都是"法律的事实"（juristische Tatsache），法将法的效果与这些事实连接起来。法就是创制法律行为的东西，法就是必定具有当合同缔结、遗嘱设立、赠与成立时所应当具有其效果的东西。如果当事人想要得到这些法的效果，他们可以自主决定运用法为此目的所提供的手段。

这种观点可以在历史上获得证实吗？我们首先发现，那些在今天同法的效果相联系的行为，大多远远早于相关的法的条文而存在。购买行为，即需要的物品在事实层面的交换行为，当然远比买卖合同的法更为古老。最早的商人是那些把远方国家的物品带来同本地产品进行交换的异族人，那时，异族人还无法援引任何法的条文。在文明发展的一个阶段，当进入陌生的部落地区后存在生命危险之时，我们发现了沉默交易的形式。交易一方将想要出售的东西在一个习惯性的固定地点放下，而后躲藏到附近；想要购买的人走近观察，如果中意货物，就把它们拿走并留下等价物，如果不想要这些货物，那就走开。卖家再从躲藏处出来，放下更多的新货物，直到吸引到买家。这些当然不是"法的行为"。

债务也比债法更古老。一个人为了生计而借用牲畜或谷物，或者没有立刻支付购买物品所需的货币，或者在赌博中输掉他无力负担的东西，那么这个人就置身于债权人的强制力之下，债权人能够囚禁他或者迫使其劳动，直到他偿还了债务。或者他向债权人提供人质，由人质代替他被囚禁；或者他给债权人提供其愿意收留的抵押物，直到债务清偿为止。后来，只要担保人来承诺监督债务人履行义务即可。有时也会出现誓言：违反誓言的债务人会招致神对他的报复。

因此一般而言，完成的行为首先仅仅具有事实层面的效果：事实上的货物交换，债权人对债务人或人质的事实上的强制力，担保人的催促，违背誓言者对其所面临的神的报复的畏惧。但它们很快就会被视为法的效果，只要如下的情况成为普遍接受的观念：债权人以自己的权力控制了或杀死了债务人或人质，或者把他们卖到远方，这不是在行使暴力，而是在行使法权；债权人不再归还他所占有的抵押物，而是将其出售或销毁，这也是在行使法权；不是债权人破坏了合约，而是那些解救债务人与人质的人、那些夺走了抵押物的人破坏了合约。在这当中已经包含着进一步发展的萌芽了。债务人不是立即将自己置身于债权人的强制力之下，而是仅仅抵押他的身体，他不是给债权人一个真实的抵押物，而是提供一个无价值的抵押凭证；如果债务不被清偿，那么债权人就有权强行控制债务人并拘禁他，让他充当奴仆，或者将其作为奴隶卖掉，或者任意取得他的财产。自从法的效果被法所规定后，当事人曾经为确保法律行为的预期结果而造成的事实层面的效果，如今就弱化为一种纯粹的形式了。

当历史达到一个很高的发展阶段，不是氏族联合的时代，而是更后期的阶段，那些经由特定行为建立起来的关系就转变为法的关系。在此之前，确实存在着事实层面的交换以及置于众神保护之下的协议，但还没有产生法权层面的请求与义务。此外，我们在有了完善的国家制度的历史时代才看到遗嘱和赠与。

在每一个时代，获得法的承认的行为仅仅构成在交往中实际发生的行为的一小部分。只是在漫长而反复的过程中，法一次又一次地让步，最终才接受了那些先前闻所未闻的行为类型。罗马法从未超出对一些少数重要行为的承认。而在契约自由的基本原则的统治下，我们仍时刻面临这样的问题：是否有一种行为已经被接纳为法或者应该被接纳为法？一般而言，在经历一系列的波动和斗争之后，如果人们能够了解新行为的重要性和有用性，那么上述问题就会获得肯定的回答。当事人在过渡时期并不能求助于法的科学、创制契约的预防法学（Kautelarjurisprudenz）、法的构成（juristische Konstruktion），他们使用的总是这样一些手段：事实层面的执行、通过抵押物或其他担保物以确保预期效果、信托制度中受托人的保障。受托人扮演着特别的重要角色。故而罗马的铜衡式遗嘱（testamentum per aes et libram），以及作为信托行为的遗产信托，都开辟了通往法的领域的道路。信托行为——或者说"用益"（uses）和"信托"（trusts）——在英国法律史上具有怎样的重要意义，早已为人们所熟知。

探寻这一历史发展过程背后的思维模式是更加困难的。一种非常普遍的观点认为，不履行义务最初表现为一种罪行，它产生了惩罚的后果以及对损害赔偿的请求，而这最终引导违约者去履约。有很多类似观点。惩罚的诉求和损害赔偿的诉求普遍早于履约的诉求，并且可以证明，它们在很多情况下都促成了履约诉求。但毫无疑问，通常的情况并非如此。相反，不履行承诺的行为似乎在很大程度上被视为严重的罪恶和背信，也会被视为直接的损害，即使它没有产生损害赔偿请求和惩罚诉求。

耶林（Jhering）第一个在罗马法中指明了人们一开始很少区分"取走他人之物"和"不归还他人之物"，正如人们倾向把取走清偿之物或取走对价视为接受了清偿之后对价的消灭，人们也倾向于把没有履行金钱、谷物、牲畜或其他可替代物与不可替代物之债务的人看作是盗窃这些物品的人，进而波洛克（Pollock）和梅特兰（Maitland）在英国法中也证明了这一点。今天人们还有类似的感知。不能被法庭追究责任的失信行为，现在仍被视为特别恶劣的行径。留心研究现实生活中的惯例、司法裁判和立法的人就会知道，它们是从相应的事实和感知当中生成的，而非创造了事实和感知。

可以说，到目前为止的论述都建立在比较法学和法律史的公认的结果之上。但继承法却不完全一样。占统治地位的学说把继承法追溯至家庭所有权，甚至是家庭所有权不再存在的地方，由于它赋予了曾经参与过家庭共同生活的特定亲属以不可剥夺的期待权（Warterecht），它也在上述范围内发挥作用。如果这种观点是正确的,那么继承法就是从另一种法权当中发展出来的,并且我们就不必探究那个产生继承法的事实,而是必须探究产生亲属的期待权的事实。

然而,亨利·萨姆纳·梅因(Henry Sumner Maine)已经表达了对该学说的正确性的质疑。在我看来,该学说已经被菲克尔(Ficker)驳倒了,至少就日耳曼民族的情况而言,它被驳倒了,而众所周知,这一学说起源于日耳曼民族。我认为,菲克尔已经令人信服地证明了继承法在日耳曼民族里也早于期待权而存在,那时已经有了完善的亲属继承权,所有权人可以自由地支配他的所有物,而无须考虑他的孩子的要求,更不用说远房亲戚了。

其实,继承法必须从如下事实中产生:在更低级的发展阶段上,不仅存在氏族秩序,而且存在着家庭秩序。氏族占有土地这种公共所有物,为了开展耕种,土地通常分配给个体家庭来使用。如果一家之主死亡,而死者没有继承人,那么土地就重新归属于氏族,这种情况绝不会被视为继承,而是被视作氏族公共所有物的延续。在氏族制度解体后,原始的公共所有物就导致了继承法的形成,但它们消失得很快并且总是微不足道的。继承法的根源总是深植于家庭秩序之中。这里涉及两个问题:首先,如果死者原本生活在家庭共同体中,他的遗产归属谁?如果他是作为个体从事生产经营,遗产又归属谁？很明显，后一种情况在原始社会中十分鲜见，或许根本就不会发生，只是在稍后的时代，在一个强大的、使得个体生存成为可能的国家中才更加常见的。现在就容易理解了，只要死者的所有物不随他一同带入坟墓，就会留给那些与他一起生产经营、居住在一起的人。当然，一开始这只涉及动产，因为这个规则在狩猎民族和畜牧民族中已经占统治地位了，因而它是早于地产的。但这种情况绝不是由家族成员共同所有的财产所造成的。这里涉及如下事实：家族成员占有了死者遗留下来的东西，因为他们距离遗物更近，因而可以像死者生前面对侵害所做的那样采取同样的手段来对抗第三方的侵害。家族成员保有这些遗留的财物，并继续像以前一样经营管理它们；情况没有发生太多改变，仅仅是家族中少了一个人而已。但原始的继承法并没有超越家族成员对遗留下来的财物的占有。一旦死者没有生活在共同体之中，他的遗产就变成无主物。在罗马人和日耳曼人有关继承法的历史中就存在着这种情况的明显痕迹；最重要的事情大概发生在斯拉夫人中，他们最古老的法律碑文描绘了一个极其有趣而又处于很早期的发展阶段的事实，对于其他欧洲民族而言，在其用文字记录其法的传统时，就已越过这个阶段了。俄罗斯人、波兰人、马佐夫舍人、捷克人、摩拉维亚人，大概还有 13 世纪的塞尔维亚人，他们是不知道旁系亲属的继承权的。当死者没有继承人的时候，遗产将会"空置"并落入诸侯之手，或者在附庸制的条件下落入他们的主人之手。[1]

① 俄罗斯人的情况参见 Budanow-Wladimirskij: Obsor Istorii Ruskowo Prawa（第3版，1900年，第478页以下的部分）。而 Sergejewitsch: Lekzii I Iszledowania（第3版，1903年，第549页）提出的反对意见是不可信的。波兰人的情况参见 Hube: Prawo Polskie W Wieku Trzynastym（1874）Pisma II 第394页以下的部分。在13世纪的波兰，财产的第一取得人的全体后人都享有继承权；而在死者无继承人的情况下，由诸侯赏赐的财产就归属诸侯，农民的财产则归属地主，同时存在着旁系亲属的例外情况。至于由其他方式所获得的财产的情况则很难确定；Balzer 在一封给我的信件中认为，这些财产会仿照继承的情况传给旁系亲属；但相反的意见认为，这些财产并不会传给那些并非第一取得人后裔的旁系亲属（参见 Szajnocha, Szkice historyczne I 第336页引用的 Liber Fundationis Claustri Stae Mariae 的段落）。波希米亚和摩拉维亚的发展情况最为人们所熟知，Kalousek: O staročeském právě Dědickém（见 Rozpravy Ceské Ckademie, Třída III, Ročnki III）对此作了阐述。此后，"继承人"（dědic）一词仅仅意味着没有与死者分家居住的亲属。因此，分了家的亲属是无权继承的。如果不存在与死者生活在同一家庭共同体中的亲属，那么遗产就归王室内帑所有。1189年的《康拉德公爵法案》（das Statut des Fürsten Konrad Otto）已经表达了上述内容：如果一个人没有儿子，则遗产由女儿平均分配；如果没有儿女，则遗产归属于最近的继承人（Si quis autem non habuerit filium vel filios, et habuerit filias, ad illas deveniat hereditas aequalitcr; et si non sint deveniat ad proximos heredes）。这里的继承人就是指没有分家的亲属。后来的所有立法都与此相一致，Viktorin Kornelius von Všehrd 于16世纪撰写过有关捷克习惯法的重要著作，他也针对继承权作出阐述。他的观点的正确性来源于对无数法律纠纷的考察，这些纠纷发生于14和15世纪的王室与未分家的亲属之间，并且判决总是有利于王室一方（同上，Kalousek 第25页）。塞尔维亚人的情况参见 Novakovič, Sakonnik Zara Duschana（1898）第172页以下的部分（第41条和48条）。在波罗的海沿岸的斯拉夫人中迟至14世纪都还没有发现超出兄弟的旁系亲属享有继承权的痕迹：KotlJarewskij, Drewnosti Juriditscheskawo Byta Baltijskich Slawian（1874），第138页。马佐夫舍人的情况参见 Dunin Prawo mazowieckie（1880）第136页以下的部分。我要感谢我的朋友 Adalbert von Stibral 告诉我，匈牙利的情况和斯拉夫地区几乎是一样的。

14世纪斯拉夫人的法律文献仅仅是在有限的范围内承认旁系亲属的继承权,《卡齐米日大帝法令》(*das Statut von Wislica*) 和《杜尚沙皇法典》的第41条和第48条 (*das Gesetzbuch der Zaren Duschan,* Art. 41 und 48) 已经呈现出了一种革新。很明显,斯拉夫人急剧强化的诸侯权利长期延迟了旁系亲属继承权的形成,因为这项权利缩小了 (遗产归属于封建领主的) "遗产归公权" (Heimfallsrecht)。诸侯享有的这项权利在捷克人和波兰人那里可以追溯至德意志的影响,而在俄罗斯人和塞尔维亚人那里要追溯至拜占庭的影响。

社会习惯法的渊源是如此多样。原始共同体基于人类灵魂中原始的社会本能,统治关系基于弱者和被遗弃者的无助状态;土地法由土地经济制度决定,法律行为是从事实层面的处分行为发展而来的;继承法一般情况下归功于特定人群在生存空间上同死者的亲近关系。显然,此处不可能以任何方式来详尽地阐述法的渊源:上述内容只具有路标的意义。而当代德国学术界占统治地位的有关习惯法的所谓共同法理论源自何处?何种性质的事实又为之奠定了基础呢?

如果去比较此处所讨论的人类最古老的习惯法与我们所能看到的最古老的法律文献的内容,人们就会立即发现一个奇怪的事实:在那些法律文献中几乎找不到这种习惯法。

法——虽说是古老的习惯法——在那里呈现为完全不同的东西。首先，至少在官方记录中，其中最引人注目的是一些公法的规定：年轻的国家显然喜欢检验自己的力量，而在后期的法律文献中人们很难找到这种情况。关于这一点后文并不准备详谈。其主要内容包括针对罪行惩罚的非常详细的规定以及对法庭诉讼程序的描述，通常还伴随着许多有时并不重要的细节。最后还有家庭法和财产法的规定，而它们的贫乏与缺陷同刑法和刑事诉讼的丰富发展形成了鲜明对比。读者一定会感到惊讶，在那些显然十分丰富的私法的习惯法里，只有一些非常次要的、无足轻重的东西被吸收到了法律文献之中。

最古老的法律文献的这种奇特立场给我们以十分有价值的启发，即身处社会低级发展阶段的人们认为法为何物。如我们所见，它们大部分都是关于起诉和抗辩的规则，关于法律纠纷的程序与裁判。由于这些法律纠纷几乎只涉及杀人、人身伤害、绑架、财物损害、盗窃，因此法律文献包含了大量的相关规定。这也解释了少量的有关私法的规则，这些内容仅仅关乎法律纠纷中提出的问题。可以看到，它们是出于解决法律纠纷的目的而被发现的。所有这些为法律纠纷之判决奠定基础的法，我称之为裁判规范。

但真的没有其他类型的法吗？只要审视一下利用了文

献和其他史料的现代法律史，我们就可以知道，除此之外还存在许多活生生的法（lebendiges Recht），而其中只有少数进入了法律文献。有关盗窃者向被偷窃者支付赔偿的每一项法的条文皆以相当确定的动产所有权为前提；因此一定也有关于所有权之取得、损害和丧失的规则，有了关于合法的取得人同盗窃者、抢劫者之区别的观念。或者在法律文献中已经包含了有关抢劫妇女之人向该妇女的父亲或其他亲人支付赔偿的规定。这个规章显然与一种特定的家庭形态相关，在这种家庭中妇女处在男性家庭成员的强制力统治之下，她们的婚姻权归属于这些男性。针对这一切，法律文献保持了沉默。因为它仅仅包含裁判规范，而不包括裁判规范所应当照顾和保护的社会秩序。社会秩序本身不就具有法的性质吗？不仅如此，它还是裁判规范的内容的组成部分。被偷窃者能够向盗窃者主张被盗之物的双倍价值的赔偿，这条规则可以在不同民族中找到完全相同或近乎相同的表述；但如果在罗马人那里最初只有奴隶和牲畜才是所谓的"要式物"（res mancipi），即拥有真实所有权的物品，那么正是由于这种所有权的设计方案，上述规则在罗马具有和其他地方不同的意义。因此，裁判规范的内容随着社会秩序的变化而变化，即使其措辞没有任何改变。

社会秩序不仅为已经产生的，还为新产生的裁判规范提供基础。我们已经指出，最古老的法律文献中的私法是何等的贫乏和有缺陷。这一现象完全可以由如下事实解释：这些法必须服务于一个非常简单和单调的社会。一旦私法所适用的社会关系发展起来，私法也会变得丰富多样。只要将同一部法律文献相距 50 年的两个版本作比较，就足以验证这一学说的正确性。所有这些新产生的法的条文都是从这些年来存在的社会关系中沉淀而成的，通常不需要立法者的任何协助。

但裁判规范是如何获得的呢？法国人朗贝尔（Lambert）在多年前出版的一部著作基于极其丰富的比较法的材料最终解决了这一问题。部分裁判规范由法官通过法律纠纷的裁判而发现，部分由作为本民族之法律先贤、作为导师和创作者的法学家所发现。有时候立法者也参与其中，他们针对那些完全没有或基本没有获得满意裁判的已经发生的案件或复杂的案件而尝试给出最佳的裁判方案。优士丁尼的《法典》和《新律》给出了尤为丰富的立法者裁判规范。因此，在社会中产生的习惯法若要凝结成为固定的、确定的、用文字书写的裁判规范，必须要么通过法学，要么通过司法裁判或立法。

所以毫无疑问，占统治地位的习惯法学说混淆了两种截然不同的事物：一方面是社会机制，另一方面是从社会机制中产生的裁判规范，两者都被称为习惯法。就连朗贝尔也犯了这种错误，因为在他的基本著作中几乎只谈到了裁判规范，却自以为论及了全部习惯法。而如果坚持我们这里的立场，就会从那种基于完全外在特征的双重法源学说（法律和习惯法）走向三重法源学说：（1）首先是真正意义上的法律，也就是那些由立法者创造形式和内容但尚未处于迄今为止的法的体系中的官方规定。（2）从立法、司法裁判或法学中产生的裁判规范。（3）真正意义上的社会习惯法。对于上述划分我们肯定能够获得暂时的满足，但不应该忽视，相比一种更加深刻的法的渊源的学说，即使上述这种划分也与传统的说法联系过于密切，并且主要依赖一些外在特征。一方面，立法者不仅能够将法学和司法所创制的裁判规范引入法律，而且能够通过对法官和其他官方机构的指令而创制新的法；立法者最终能够为新的国家机制和社会机制奠定基础，通过土地解负，出现了服务经济目的和社会政治目的的新机制。另一方面，在法学和司法中形成的裁判规范也可能被自由发现或者借用社会习惯法。任何一部现代私法法典不仅包含原本的社会习惯法（这是被吸收进法典的生活方式与交往机制的概念规定），还包含大量裁判规范（它们归功于法学和司法，有时也为立法者所发现）。此外还存在着真正的成文法。所有这些不同类型的组成部分按照各自的规律行事，并且在它们写入法律条款后还保持许多原始的特征。接下来的一个任务就是区分这些法的组成部分以及研究它们的性质。

首先由基尔克（Gierke）阐述的团体法与统治法的对立在这里显示出了重大意义。只有真正意义上的法律，即在质料上创制了新的法则的官方规定，才是统治法。而从自主的社会发展中产生的习惯法以及在法学和司法裁判中形成的裁判规范是基尔克意义上的团体法。但即使那种被立法者发现的裁判规范也应该属于团体法而非统治法。然而不该忽视的是（并且我在其他地方已经强调过），自从现代政治国家产生以后，即使纯粹社会性的裁判规范也转入了统治法，因为它现在也和真正的成文法一样，表现为国家对其公职人员的指令了。恢复裁判规范的最初的团体法性质是当前法的政策领域最重要的任务之一。

时至今日，法学界还未能得到令人满意的习惯法学说，其原因在于，人们在法学工作中固执地拒绝考察社会，反而偏爱经院哲学式的传统，在记载了圣泉的羊皮纸上找寻一劳永逸的解渴之物。今天仍然有效的习惯法理论的基础是《国法大全》（Corpus iuris）中的一些段落、注释法学派法学家和教会法学家的著作、17 世纪和 18 世纪德意志共同法法学家的学说。在那里发现的内容完全被人们作为教条对待：人们在其中看到的无非是由立法者创制的规章，根据这一规章，习惯法在各个案件中所发挥的作用才得以评判。很少有人意识到——温德沙伊德（Windscheid）当属这少数人的行列——当人们一方面把成文法和习惯法当作完全同等的和同类的法的渊源；另一方面却认为成文法有权规定在何种条件下习惯法能够发挥法的功能，这陷入了何等的矛盾。但这并不是法学遭遇的唯一伤害：人们紧盯书本的目光完全错过了其中的真理。罗马法学家直接取材于生活的格言，注释法学派法学家、教会法学家以及 17 世纪和 18 世纪共同法的践行者所追求的目标，对人们来说都是未曾理解的。

有关罗马人对习惯法的一般见解，我已经在其他地方阐述过了。①对罗马人而言，他们的习惯法同罗马法学（即罗马法学家的学说）具有同样的意义。众所周知，罗马法学家的任务不仅是发现裁判结果，也是发现法本身，即"创制法律"（iura condere）。罗马人把这种（世俗的）习惯法称为"民法"（ius civile），与之相对的是"圣法"（ius sacrum），即宗教方面的习惯法，以及"公法"（ius publicum），即原本意义上的成文法。还有另一种意义上的习惯法是罗马人所不知晓的。即使是直接从生活中生长出的法的机制，也只有在法学家的认可和操作之下才具有法的性质：通过这种方式它们转变为"民法"。因此，"民法"的内容就包括未成年人替

---

① Ehrlich, Beiträge zur Theorie der Rechtsquellen, I. Teil. Das ius civile, ius publicum, ius privatum, Berlin, 1901.

代继承（Pupillarsubstitution）、铜衡式遗嘱（testamentum per aes et libram）、禁止夫妻间赠与、要式买卖（mancipatio）和拟诉弃权（in iure cessio）。但"民法"也是罗马法学家所发现的裁判规范，这一切都是从对法的规则的谨慎（cavere）、行动（agere）和回应（respondere）中产生的：穆西乌斯（Mucius）和塞尔维乌斯（Servius）、拉贝奥（Labeo）和塞尔苏斯（Celsus）、尤利安（Julian）和帕比尼安（Papinian）的全部学说和著作，亦即他们的毕生之作。此外，法学家们一定还会谈到"习俗"（mores）和"习惯"（consuetudo）。这些都不是严格意义上的法的渊源。在这方面，没有比布里（Brie）[①] 和佩尼斯（Pernice）[②] 的论述更具说服力了，而这正是因为他们的观点是从相反的立场出发的。在起源于古典时代的《学说汇纂》的"法律、元老院决议和长期习惯"（*De Legibus Senatusque Consultis et Longa Consuetudine*） 这一节和《优士丁尼法典》的"有关长期习惯的事项"（*Quae sit Longa Consuetudo*）这一节，只有一个地方涉及罗马的习惯法（fr.1, 3, 36）。此处的内容是，根据习惯法禁止夫妻间的赠与。但即使是这段话也仅仅包含了对该规则的学理上的赞誉。上述《学说汇纂》和《优士丁尼法典》的内容，只要

---

①   Brie, Die Lehre vom Gewohnheitsrecht, Breslau, 1899.

②   Pernice, Zeitschr. der Sav. St. R. A. XX. Bd. S. 127.

是产生于古典时代的，都与习惯法没有任何关系。在尤利安的著名段落（fr. 2 d. T.）中，就最初的语境而言，处理的是《巴比和波培法》（*lex Papia Poppaea*）的内容，也许是其中有关繁杂的公共职位和公共服务的规定。这里涉及的不是习惯法，而很明显是在各个行省中的占统治地位的惯例。乌尔比安的两段论述（Uipianstellen fr.33 und 34 d. T.）与《亚历山大皇帝敕令》（*die Konstitution des Kaisers Alexander*, C.1.8, 52）一样，它们的内容都不是罗马习惯法而只是行省的风俗，这就表明它们都来源于乌尔比安的著作《论行省总督的职责》（*De officio proconsulis*）。从保罗（Paulus）的《论问题》（*Quaestionen*）和卡里斯特拉图（Callistratus）的《论问题》（*Quaestionen*）中摘出的段落（fr.36, 27 d. T.）仅仅涉及传统的法律解释。保罗的段落（fr.37 d. T.）摘自《论市政法》（*Ad legem municipalem*），它只涉及当地市政的习俗，其原文已经证明了：在相同情形下城邦先前适用的法律（quo iure civitas retro in eius modi casibus usa fuisset）。一句话总结，古典时代的罗马法学家只是在论及"民法"（ius civile）而非论及一般的"习俗"（mores）和"习惯"（consuetudo）时，他们才意指罗马的习惯法。

后古典时期的法学家当然面临着不同的任务。自《安东尼敕令》（*Constitutio Antonia*）发布以来，罗马法就适用于不同类型、人种和出身的民族，这些民族的成员虽然已经成为罗马公民，但他们甚至在表面上也没有接受罗马法和罗马的风俗。这些民族一如既往地根据他们自古以来的法和习俗来生活。简单地无视这些事实是行不通的。皇帝们如此迫切地想要简单地废除这些民族的"习惯"（consuetudines），而到了一定阶段他们又必须对这些习惯加以考量。后古典时期的《学说汇纂》中有一段摘自赫尔摩杰尼安（Hermogenian）的话，明确称"长期的习惯经验"（quae longa consuetudine comprobata sunt）是有约束力的。有三份关于这个问题的皇帝敕令存在于《优士丁尼法典》中。优士丁尼在其法律文献中不能对地方特别法（Partikularrecht）的效力保持沉默，为此他将上述那些从原本语境中脱离出来的、原意已经遭到破坏的古典时期法学家的格言进行了整理，并附加了他从后古典时期文献中找到的相关材料。因此，优士丁尼的法律文献中的"习惯"（consuetudo）主要是指各个行省的地方特别法，它对于过去的外省人、如今的罗马公民大都具有习惯法的效力。

注释法学派法学家、后注释法学派法学家、教会法学家和共同法的实践者同后古典时期的罗马法学家与立法者一样，都需要解决一个类似的任务。他们也应该使罗马法适用于不同类型、人种和出身的民族，这些民族对罗马的风俗和罗马法是完全陌生的，其拥有自己的法和习俗。优士丁尼的原始文献正好就是针对这一情况的，因此它可以直接被适用。但这里仅仅涉及如下问题：人们必须在多大范围内允许作为习惯法的地方特别法发生效力？如何将它与共同法区别开来？针对这些问题，一套提取自共同法的标准必定是很受欢迎的，这是很明确的；但同样清楚的是，精通共同法的法学家更愿意采取某种墨守成规的态度。无论如何，对于那些自罗马法学发端以至于历史法学派兴起都引用优士丁尼的原始文献的人们而言，这些文献都不是一种关于法的渊源的理论：对他们来说，这是关于地方特别法和地方习惯法之效力的法律规定。凡是能够如今天这般公正地看待历史法学派之成就的人都会知晓，在其气势恢宏的理论架构之中，几乎每一处细节都是对 17 世纪和 18 世纪德意志共同法法学家的学说的继承。

以此为基础的、关于习惯法的现代共同法学又当如何呢？"没有中断的长期习惯"（usus longaevus non interruptus），"仍然每天发挥作用的习惯"（consuetudo tenaciter servata, iuge observata），"法律必要确信"（opinio necessitatis），非常有趣的，引起了许多敏锐评论的习惯法之证明问题，以及有关习惯法，特别是与成文法相对立的习惯法之效力的学说。这些问题又当如何呢？值得注意的是，朗贝尔在其漫长的历程中几乎考察了文明世界的所有习惯法，从中找不到任何在共同法的适用范围之外的东西。同样值得注意的是，罗马人、中世纪的德意志人、英国人，也就是那些自觉地将活生生的习惯法视作法的渊源并使之发生效力而且仍将继续发生效力的民族，对这一切也是一无所知。关于罗马人和德意志人的情况，来源于对布里提供的丰富材料的公正考察，这些材料是更为可信的，因为它们是从主流学说的立场上精心收集的；关于英国人，可以参看布莱克斯通（Blackstone）的著名论述。事实上，罗马人对于"民法"（ius civile）、中世纪德意志人对于"传统法"（angestammtes Recht）、英国人对于"普通法"（common law）都有着不同的标准以检验它们的内容和效力。然而，只要涉及的不是习惯法的形成，而是作为习惯法的地方特别法或地方的风俗习惯，对于习惯法的这种"要求"就会非常及时地出现。对于裁判某一行省事务的罗马执政官，对于受过法学训练而被派往一个完全陌生的地区的官员，他们都必须认识到当地在何种程度上存在着具有约束力的地方特别法。人们虽然不会得到习惯法的理论，却得到了运用习惯法的法律规则和法学规则并以此作为裁判规范。在英国人那里也存在着类似的学说，但当然不是针对真正意义上的习惯法，不是针对普通法（common law）——与之相对的是成文法（statute law）——而是针对特殊的和地方的习惯（special and local custom）。如果一项习惯要想获得法律效力并具有约束力，它必须长期被践行，以至于人们的记忆不会走向其对立面；它必须持续地（没有中断）、和平地被人们接受，它必须是合理的，必须是确定的，必须是有强制性的；这些习惯必须保持一致；最后，关于特殊习惯的认定：任何习惯都不能违背议会法案的明确规定。对此，共同法法学家自然感到很亲切。只是他们必定会被告知，所有这些"条款"都不涉及习惯法，而是涉及特殊习惯和地方习惯。

在整个法律史中，处在社会机制中的社会习惯法是同法律的裁判规范并存的：当然它们之间并非没有持续的相互影响。正如裁判规范产生于社会秩序一样，它们也反过来对社会秩序产生影响。通常人们会适应官方机构保护下的那种生活方式，这一事实对于大多数人来说是如此合理，然而人们应该警惕，不要过高估计了这件事情的真实性，不要以为随时随地的情况都是如此，特别是不要以为制定规范的人的目的总是能够实现。因为在官方机构的命令之外，显然还存在着其他力量在统治人类。

也许可以引用两个案例，从中可见，当今社会秩序的基础之一便是由产生于司法或法学的裁判规范所创制的。其中一个例子涉及旁系亲属的继承权。在原始时代，一个独居的、不属于任何氏族或家庭共同体的人，他的遗产将成为无主物并被其他人强行占有；但只要这类独居的人不常有，那么这个问题也就不是特别重要。但随着这类独居者数量的增加，这种情况变得不可容忍。他们最近的亲戚越来越频繁地求助于法庭，希望从掠夺者手中夺回赃物，而这一行动也越发取得成功。随着时间的推移，法庭形成了相应的固定准则，以决定何种亲戚以及在何种顺序上有权继承那些没有生活在家庭共同体中的逝者的遗产。14世纪的斯拉夫人中普遍地出现了旁系亲属继承权，即在史前时代的罗马人和日耳曼人那里就已经出现的法权：只不过在斯拉夫人那里，它的产生是以牺牲业已形成的诸侯与贵族地主的遗产归公权为代价的。从《杜尚沙皇法典》中可以清楚地看到这一过渡。该法典第41条规定："若贵族地主无子女或子女死亡，则其遗产视为无人继承，直到在其家族中找到其兄弟的子女，该子女应继承其遗产。"应该指出，该条款的措辞是一种创新。第48条规定："若贵族地主死亡，则其骏马及甲胄归属沙皇，而其珍珠礼服与黄金腰带归属其子，沙皇不得夺取；若其无子，则归属其女，该女可支配使用之。"[1]

经由裁判规范而完成的一项最具影响力的工作就是确立

---

[1]　参见 Novaković, Sakonnik Zara Duschana, Beograd，1899，第 171 页以后的部分。

了抽象的所有权概念。这完全是罗马法学家的工作，他们以这种方式接受了土地解负所造成的状况。在土地解负之前，所有权通常处在一种社会联系中：村落中的农庄，耕种的零散土地，公地里的森林和草地，这一切都嵌入到了这个地区的社会经济秩序中。同样，上位所有权人的请求权、受益人的责任和义务都是通过他们的社会地位、政治地位以及整个经济联系来给定的。于是，法以积极的和消极的方式规定了几乎每一块土地的所有权的范围和内容：特定土地的所有权是如何被创制的，这不能通过所有权的概念而推导得出；对于公共耕地中的零散土地、公地中的森林和草地、村落农庄以及骑士封地，它们的使用方式和尺度——邻居能够要求以及必须同意的事项、上位所有权人可以请求的事项以及受益人必须付出的事项——这一切内容都要具体加以确定。这些限制和约束，正如它们曾经存在于罗马，并且在完全不同的程度上存在于中世纪的德意志一样，都随着土地解负而衰落了。

从土地解负发生的那一刻起，就不再有必要谈论所有权的内容了；所有权人既不需要考虑他的邻居，也不需要考虑某个上位者，他可以按其意愿来行动。现在，人们据此得出了一个概念上不受限制的、无条件的、"罗马式的"所有权，它允许以任何可以想象的、并非特定的方式来使用。罗马式的所有权是一种撕裂了社会经济联系的所有权。

一旦土地所有权所处的社会联系被废除，关于所有权法就只剩下一个问题——所有权之诉。罗马法学家关于土地所有权的全部论述，都是围绕着所有权之诉的不同形态以及与之相联系的占有之诉。所有权与占有权的取得和丧失、所有权之诉与教会禁令中的当事人、证据问题，这几乎就是罗马法学家的全部工作。在所有这些方面，土地与动产几乎没有任何区别：地产（fundus）是一种要式物（res mancipi），如同奴隶和牲畜一样。假使古老秩序的某些片段，诸如地役权（Dienstbarkeit），特别是乡村地役权（servitutes praediorum rusticorum）、潜在损害之诉（actio damni infecti）、新施工告令（operis novi nuntiatio）、排放雨水之诉（actio aquae pluviae arcendae），没有保留下来，那么古典罗马法至少对于私有土地（ager privatus）而言就没有太多的特色了。不动产的法权与动产的法权一样，几乎都是由法学家针对所有权之诉而发现的裁判规范所决定的。这应该成为一个具有世界历史意义的事件。

这些例子证明，裁判规范所能够施加给社会机制的影响力是多么强大。另一个问题是，真正意义上的习惯法能够在多大范围内反作用于裁判规范。如果人们理解，正如这里所谈到的，处在习惯法之下的、未受国家干预的生活方式仅仅凭借生活中自发的力量而成为国家秩序、经济秩序与社会秩序的基石，那么人们就会意识到，不仅是过去的历史而且今天的一切都处在永恒的流变之中。只要回顾一下过去三四十年的经历，就可以证明这一点。今天的家庭不是我们年轻时代的家庭，今天的婚姻也不是我们作为年轻人时所追求的婚姻，商业交易已经变得两样，如今缔结的买卖合同、使用租赁合同、用益租赁合同、服务合同、雇佣合同与过去完全不同，今天的主仆关系、雇主雇员关系、生产者与顾客的关系都有别于过去，股份公司、运输企业、合作社、银行、证券交易所、期货交易的面目已经难以辨认。几十年前哪里会有托拉斯、卡特尔、工会、群众罢工和集体劳动协议呢？绝对没有一个时代像我们今天这样如此快节奏地生活，父子之间存在着如此大的思想、情感和行为差异。所有的生活方式都是新的，其中一部分正是发生根本变革的整个社会经济生活的形式，也就是一种新的习惯法的形式。

面对这些不可阻挡的变化，裁判规范表现为变动中的不变之物。因为裁判规范不是被偶然地带入法的领域，而是审判活动在其本质上的合理要求，即每一个案件的司法裁判都必须与已然确定的裁判规范相符合。即使法官被允许自由地发现法，也只是当传统的法律材料被证明不完备之时，原则上他才可以这样做；显然，随着数百年来混乱的加剧，这种情况也越来越不被人们所期待。而法学也呈现出这样的追求，即与现存的东西和谐相处并放弃创造性的思维工作。将法学和司法的结果接纳到法典之中，我曾经将其称为"法学家法的法律化"，使得这一发展过程暂时告一段落。

如今，司法和法学利用每一个机会求助于立法工作。即使是相对简单的任务，例如著作权的形成，都只能在立法者的协助之下才能完成。但这种行为完全不能同过去几百年的司法和法学所取得的成绩相提并论，因为后者为物权法、合同法、损害赔偿法以及大部分的继承法与家庭法发现了裁判规范，并为整个社会经济生活奠定了法的基础。之所以立法本身越来越不能完成如此规模宏大和如此精妙细致的任务（特别是自从立法被笨拙的议会机器操控以来），其原因我已经在其他地方尝试阐述过了。

尽管如此，一种新的生活方式在今天总是比以往更容易被引入到法的领域。在过去的几百年里，每一种新的社会机制都必须艰难地为了自己的存在而斗争，它必须向异己的力量，向法官、法学家和立法者乞求承认，讨要维持其生存的裁判规范；相反，现代法却事先给新的生活方式以极大的承认，并任由社会自己去发现它想要运用的裁判规范。这是通过合同自由、结社自由和遗嘱自由的原则来实现的，这些原则已经被今天的法所吸收。它们形成了一个可以完全容纳现代生活的宏大框架。而符合这个框架的一切内容都具有法的约束力，每一份生效的社团规章、合同协定、遗嘱规定不仅创制了一种新的生活关系，而且将其提升为法的关系，并且大部分情况下还确立了法庭与官方机构赖以为依据的裁判规范。然而，深入的研究表明，这里涉及的绝不是个别的、独自存在的事实；所有这些合同、社团、遗嘱内容都是社会现象，它们好比是河床，当下的经济社会生活可以在其中平静而有序地流淌。因此，习惯（Usance），亦即生活的规则，与其他法的渊源处于平等的地位。

时至今日，大部分的社会潮流，也许是其中最强的那一部分，也不能受到任何预先确定的规章的约束。社会力量逃避国家干预，包括那些经由裁判规范的间接干预，部分是由于它的本性，有时也出于明确的目的；在其他时候，国家与国家制定法意识到了自身力量的边界，因而胆怯地让开道路。社会经过过去三四十年童话般的发展（见证人今天依然在世）对立法、司法，甚至法学的影响是多么微弱，它们都尽可能地试图避开它。英国工会以其独特的方式不仅长期不追求法律规章，甚至明确拒绝任何的法律承认。国家制定法对托拉斯、卡特尔的态度如何，托拉斯、卡特尔对国家制定法的态度又如何呢？它们往往各行其是，目无对方。而如果我们把最蹩脚的买卖合同都视为法的秩序的一部分，却不愿意把我们这个时代的强大的社会经济联系也当作法的机制，那将是荒谬可笑的。社会经济生活不是建立在国家制定法的基础之上，不是建立在由法庭和官方机构掌控的裁判规范的基础之上，它们的根据是社会习惯法。

如同原始时代一样，今天的大量社会工作都是由社会直接进行的。每一项社会秩序都是伟大的社会力量的作品，这些社会力量会受到国家与国家制定法的引导和约束，却不能被压制和消灭。因为社会力量是基础性的力量，而从国家中产生的、由国家创制的法，却只是人为的产物。政治家的任务不在于筑建阻挡社会发展潮流的水坝，因为社会力量的洪流将会摧毁和淹没这些最美好的人为作品；政治家的任务在于，为社会发展潮流开辟通往平原的河道，以便它能够在那里灌溉土地、驱动磨坊。我们要对一位伟大的政治家表达敬意，他卓越地完成了这项艰巨的任务。我们祖国的趋于完善的改革事业归功于他的智慧而高尚的决断。我们希望，奥地利民族将迎来一个和平发展的时代，一个使至今仍在昏沉欲睡或在无谓斗争中蹉跎的力量都得以繁荣发展的时代。因此，我请求各位与我一同满怀喜悦与希望地高呼：我们最仁慈的皇帝弗朗茨·约瑟夫一世万岁，万岁，万岁！

论法社会学[*]

---

* 本文译自"Zur Soziologie des Rechts", Der Kampf. Sozialdemokratische
Monatsschrift, JG. 7, Nu. 10, 1914, S. 461-463.

尊敬的先生！最近我读到贵刊发表的针对拙著《法社会学原理》的批评文章。[①] 对于其中的批评性意见我不想回应一词，因为我并不热衷于反批评。但我不认为，当批评者把我的观点描述成同我的著作实际上完全相反时，我还有义务平静地去接受这一切。因此，我请求您在贵刊发布这篇回应文章，并允许我告知读者，我的批评者向他们完全错误地阐述了拙著的内容。

我的批评者认为，法社会学必须"揭示法在每种社会秩序中同它的经济基石之间的联系，并且呈现经济的变革如何影响了法的秩序"。难道我在自己的著作中没有完成这一切吗？我真的不知道应该如何去做，才能比我的著作更清楚地给出批评者在这里所要求的东西；不是在那种今天所有受过教育的人的一般性的论述中，而是在一种于我看来至今仍完全缺乏的详细的个别研究中。阐明法和社会发展之间的联系原本就是我的著作的目标。我一开始在序言中就明确表示："法的发展的重心既不在于立法，也不在于法学或司法判决，而在于社会本身。"也就是说，法是随着社会一起发展的。对此，我在两个长章节里进行了讨论。在第三章，恰如我的批评者所要求的，我揭示了"法同它的经济基石之间的

---

① 参见 Friedrich Hahn, "Eine Soziologie des Rechts", *Der Kampf. Sozialdemokratische Monatsschrift*, JG. 7, Nu. 9, 1914, S. 401-407.——译者注。

联系"，这就是说，我尝试去证明，法的形式不过是社会经济状况的法律表达。在第十七章，我得出结论，并且再一次遵循我的批评者的要求呈现了"经济的变革如何影响了法的秩序"，即由于社会经济状况的变化，法的形式也发生变化。有关这个问题，第四章也作了论述：法的强制仅仅是次要地建立在刑罚和强制执行的强迫基础上，而首要地建立在经济压力和社会压力的基础之上。除此之外，我的著作里几乎没有一页不讨论法社会学的这一基本问题。

对此，我的批评者作何表示呢？很简单：他完全隐瞒了这些内容。对于上文提到的第三章、第四章、第十七章的观点，也就是他对我提出要求的那些内容，我的批评者不置一词。而从其他章节里，他却摘取了一些文段，这些文段一旦脱离语境就显得有歧义，仿佛我完全不理解社会的发展。在一本大部头的著作里总是有一些可能让人误解的文段。但其中还是有这样一段论述：罗马法在中世纪不可能被全然接受，因为中世纪社会处在一个同罗马社会完全不同的发展阶段。批评者自己就在第406页引用了这段话，难道这完全没有让他感到惊讶吗？

不言而喻，当我认为变化之中仍存在着不变的东西，这并没有任何矛盾。据我所知，马克思和恩格斯的教导亦复如是。他们宣称，法的形式取决于整体的社会经济状况，但并不是说每个阶段上都产生出全新的东西。如果恩格斯不认为存在于民族最低发展阶段的婚姻家庭与今天的婚姻家庭有着共同的脉络，那么他怎么可能写出那部关于家庭发展的名著呢？如今，我为了研究发展规律而去探索贯穿于整个法的机制的发展过程中的个别特征，这当然不意味着我忽视了"发展"本身。习惯、支配、占有、意思表示——我并非像我的批评者所想象的那样把这些事物当作法的关系，相反，我认为它们是构成法的关系的要素。而且我在我的著作中呈现了在每一个发展阶段上从这些要素中如何产生出不同的事物。

我的批评者——用他自己的话来说——"忠实于他的方法"。针对我的国家观，他提出，"无阶级的原始社会中的一般的人民武装"同现代军国主义以及现代国家没有关系，社会学的国家概念同政治经济学的价值概念一样都应该是一个历史的概念。我在我的著作第 111 页几乎说了同样的话：国家的起源不应在氏族或者家族共同体中去寻找（在那里还是一般的人民武装占统治地位），而最早应该在由多个语言相近的部落所组成的战争贵族联盟中去寻找，这些部落在其自由民（当然不是全体人民）的拥护下选出一位常任的战争领袖。[①] 正如我的批评者一样，我也认为国家概念是一个历史

①　参见欧根·埃利希：《法社会学原理》，舒国滢译，商务印书馆，2022年，第 156 页。——译者注

概念：国家并非开始于无阶级社会，而是开始于社会阶层的分化。印第安的部族、阿拉伯的部落、阿尔巴尼亚的氏族都还不是国家。我的批评者一定要我承认，我对自己所陈述的东西一无所知！这有些太强人所难了。

当然，如果一个人如此误读我的著作，认为组织形式与裁判规范的对立在我这儿就是指自然法则与规范的对立，那么一切歪曲都不足为奇了。我在书中多次谈到，没有一个组织不能溯源至一种规范之上。就连工人也是通过承认特定的具有自主约束力的规范（工会的章程、党代会的决议）而组织起来的。家庭的组织形式是家庭因之而实际存在的规范，裁判规范则是法庭因之而裁决家庭纠纷的规范，这就是二者的区别。裁判规范在很大程度上来源于组织形式，这一观点可以在我著作的第六章里找到；但我在其中也已经阐明，为什么情况并非总是这样。组织形式作为社会关系的内部秩序，同裁判规范一样是"规范性的"。法社会学的双重任务就在于，不仅阐明组织形式的因果联系，也阐明裁判规范的因果联系。我赞同马克斯·阿德勒（Max Adler）的观点，即任何科学都必须阐明现象的因果联系，法社会学必须阐明法的生活现象的因果联系。

还有一件事。我的批评者认为罗马法是一种建立在商品生产基础上的社会所特有的法。此处，我的批评者必须给出我们其他人无法获取的信息来源。因为迄今的科学研究认为，罗马社会本质上始终是一个自然经济社会——家庭经济，部分甚至是带有奴隶劳动的农耕经济，大量高利贷者。正如大部分自然经济社会一样，较少的手工业，粮食交易仅仅是对大城市的流氓无产阶级的消费才占主导地位。甚至连期货交易也不可能存在于这个"建立在商品生产基础上的社会"。

我从青年时期就开始研究马克思，我自信比一些夸夸其谈的人对马克思的全部著作理解得更好（很遗憾，批评者多次引用的某些马克思的遗稿当属例外）。我知道，科学研究亏欠了马克思，也知道它没有遵循马克思的政治方向。但如果凡是马克思已经说过的内容，我便不想再多说一字，那么我原是可以不去写我的那部著作的。

切尔诺维茨，1914 年 6 月 3 日

欧根·埃利希 博士

孟德斯鸠与社会法学[*]

[*] 本文译自"Montesquieu and Sociological Jurisprudence", *Harvard Law Review*, Apr., 1916, Vol. 29, No. 6, pp. 582-600.

在一封充满溢美之词的信中，霍姆斯（Holmes）法官对我那本有关法社会学的著作（《法社会学原理》，*Grundlegung der Soziologie des Rechts*）提出了批评，他发现书中没有提及孟德斯鸠。我接受这一批评，但是请不要据此作出什么推断。我只是急于在书中阐释我对法社会学的观点，以至于未能全面说明该学科的历史。我十分尊敬《论法的精神》一书的作者。因此，为了向批评我的那位杰出的美国法学家表达敬意，我将在这篇论文中努力弥补疏漏，并且为历史上最早的社会学家之一正名。正名的方式必须配得上孟德斯鸠本人的天赋，也就是说，必须叙述有关这位社会学家的全部真相，同时不回避必要的批评。

孟德斯鸠创作的年代，正是胡果·格劳秀斯（Hugo Grotius）和普芬道夫（Pufendorf）所主张的自然法学说的鼎盛时期。该学说的追随者们假定，人类社会已经由一份或明示或默示的契约所奠基，法不过是这份原始契约的必然结果，它可以通过科学的推理演绎得出。由于社会契约在地球上任何地方都是相同的，自然法作为其逻辑结果必然在每时每处都是相同的；但它并不总是显而易见的，必须由科学来揭示。这形成了国内法的基础和标准，一旦偏离该原则，法就会失效。

孟德斯鸠也讨论过自然法，只不过是在不同的意义上讨论它。他用这个术语指代人类不能被法所取代的自然本能，例如与同伴和平共处的欲求、性冲动、自我防卫、寻求食物的需求、女性的谦逊。在这样的描述下，自然法显然过于空洞无益，难以作为社会法则的范式。

他对法律科学的观点呈现于其著作的开篇之处，我们必须引用这段原文：

（法律）应该和寒、热、温的气候有关系，和土地的质量、位置与面积有关系，和农、猎、牧各种人民的生活方式有关系。法律应该和政治制度所能容忍的自由程度有关系，和居民的宗教、性向、财富、人口、贸易、风俗、习惯相适应。最后，法律和法律之间也有关系，法律和它们的渊源，和立法者的目的，以及和作为法律建立的基础的秩序也有关系。应该从所有这些观点去考察法律。①

自然法学派认为，可以从一种普世的假定契约中一劳永逸地推导出统一的、永恒的法。孟德斯鸠的观点则与此尖锐对立，他教导说，法取决于各种各样的因素，并随着这些因素的变化而变化。这种法与外部环境相一致的观念，也许是

---

① 原文为法语。参见孟德斯鸠：《论法的精神》，上册，张雁深译，商务印书馆，1959年，第7-8页。——译者注

法学领域里单个人所能取得的最大进步。但此处我们必须批评孟德斯鸠在文本措辞中出现的含混模糊。他使用的法语词汇"devoir"既表示应该是什么，也表示必须是什么。在前述引文和全书当中，孟德斯鸠都采用了第一种含义。因此，他的书主要都在讨论立法政策。但他如此深远地受到自然法学派的影响，因此没有界分应然之法与实然之法。"法律，"他说，"就是支配着所有人民的人类理性，而公法和私法应当（doivent）只是把这种人类理性适用于特定的情况。"此外，他还意识到，我们只有理解法得以存续的真正原因，才能成功掌握立法。因此，他的论点在缓慢地转移。法如何被建构以适应外部环境，以及法如何必然地受这些环境的影响，这两个问题时常交织在一起。但正是通过探讨法的成因，同时伴随着对法的目的进行批判性的讨论，我们得到了一种关于法的社会学解释。事实上，《论法的精神》必须被视为塑造法社会学的第一次尝试。

尽管在作者的心目中，这本书的社会学部分是次要的，但它们在今天仍具有最重大的科学价值，并首先引起了现代社会学家的注意。让我们从这部分内容开始。尽管法社会学的理念有些松散缥缈，却被孟德斯鸠在一些场合清楚地感知到了。在序言中，他坚称自己并非为了批评某些现存事物而写作，而是要解释现存事物背后的理由和原则。在另一段文字里，由于担心读者惊讶于他对君主制原则的考察，他强调自己不是在讨论应当如何，而是实际如何。在谈及多偶制的时候，他声明："我不是为习俗辩护，我在解释何以如此。"书中随处可见许多纯粹的社会学研究，这些都与立法政策的观点无关。

法本质上是一种社会生活形式，除非着眼于社会力量的作用，否则我们不可能对法进行科学的解释。孟德斯鸠所说的自然环境，例如地理或气候条件，只能通过作用于社会，并由社会进一步作用于法来产生影响。因此，为了探索法的社会基础，我们必须探寻社会以何种形式塑造了法。这不是我们在法典、教科书和法律手册中看到的法的规则（the rule of law）。法的规则不是直接来自社会，它是由立法者和法学家设计出来的。社会本身只塑造有关基础社会机制的法的秩序（the legal order），例如氏族、家庭、村社共同体、财产、契约、继承的秩序。这类法的秩序的统治——没有任何所谓的法的规则的痕迹——构成了原始部落或较低文明阶段中唯一可以找到的法，甚至在我们的时代，大量的法仍然只是包含在社会机制的法的秩序中。从这种基础性的法的秩序中，法学家和立法者通过复杂的流程推导出了法的规则，在《法社会学原理》一书中我尽力阐释了这一点。如果要从社会学角度去理解法的规则，就必须考虑产生法的规则的法的秩序。然而，大部分社会学家只关心法的规则，而非基础性的法的秩序。于是，他们就忽视了介于法的规则与社会之间，由法的机制所形成的联系，对这个问题的整体讨论也就不能令人满意。

对孟德斯鸠而言，法同样表现为一套规则。但是他以一种模糊的方式回顾并推测了处在背景中的社会的轮廓。他经常使用"社会"这个术语，但并非意指现代意义上的社会；与自然法学派的术语相同，它在这里仅指国家。但即使把社会理解成国家，在孟德斯鸠的语意中，它也不是那个自然法学派想象的、由假定的但从未实存的契约所塑造的虚构事物。自然的力量创造了国家这个生命体，它在某种程度上独立于国家政府而存在。在《波斯人信札》中，孟德斯鸠嘲笑了当时的自然法学派的追随者对社会起源的探究：如果人们没有组成社会，如果人们离群索居，一见到同类就逃跑，那我们反而要问：这是为什么；但正因为人们待在一起，儿子是父亲的儿子，这就是社会，这就是社会的真正起源。《论法的精神》一书中也有一些段落提示了国家的自然基础，特别是有关"征服法"的章节中。

不同于"国家"，现代意义上的"社会"概念在孟德斯鸠那里隐藏在层层伪装之下，最重要的就是他所称的"普遍精神"（general spirit）。"人类受多种事物的支配，"他说，

"气候、宗教、法律、政府的原则、先例、风俗、礼仪；普遍精神作为其产物就发端于此。"我们完全可以用"社会"这一术语取代"普遍精神"，并且相较于德国历史法学派的学说，我们对于法和社会的关系也将有一个更为明确精准的认识，因为"普遍精神"在历史法学派那儿虽然反复出现，但却使用了"民族意识"（Volksbewusstsein）这个晦涩的术语。

在孟德斯鸠的语境里，"支配人类的事物"还可以再加上经济状况，而这些事物在现代社会学中扮演了社会生活的基本要素。我们刚才引用的段落和开头引用的法语段落之间存在着显著差异。在刚才的段落中，法与气候、宗教、政府的原则、先例、风俗、礼仪一起作为"普遍精神"的构成要素而被提及，而在开头的段落里，只是强调了法与其他事物的一致性。如果这种差异不是什么意外的话，我们就必须从中领会到：法和其他"支配人类的事物"一起构成了社会生活，它们之间也在互相影响。后来由奥古斯特·孔德（Auguste Comte）和赫伯特·斯宾塞（Herbert Spencer）设想的"社会共识"（the social consensus）已经初具雏形，这实在令人敬佩。在孟德斯鸠对英格兰民族的观察中，我们又读到了这样的内容："我并不想否认气候对这个民族的法律和礼仪产生了重大影响，但我要说该国的风俗和礼仪同它的法律也有密切的关系。"作者在这里又一次提出，社会生活的所有要素相互依存。因此，孟德斯鸠认为，法由社会塑造，同时也在塑造社会。这一结论在那个年代独树一帜，当时普遍的观点认为，法是被一名立法者、一种理念从外部强加于社会之上的。当然，这种流行的观点在孟德斯鸠的著作里也留下了不少痕迹。

早于布莱克斯通（Blackstone）20 年（而且布莱克斯通从他那里受益良多），亦早于巴克勒（Buckle）和萨维尼（Savigny）半个世纪，孟德斯鸠就认识到了法的历史不是一连串的奇事，他看到呈现社会机制的发展正是解释社会结构的一种方法，他也猜想到历史的延续性对于鉴古知今有多么重要。为此，他广泛地讨论了罗马继承法、早期法国程序法和中世纪的封建法。早于罗雪尔（Roscher）和克尼斯（Knies）80 年，孟德斯鸠搭建了经济史的框架，在其著作的精彩章节里，他论述了亚历山大大帝和其他人的征服事业给全球商业进程带来的影响。早于卡尔·马克思一个世纪，孟德斯鸠强调了经济状况同它的"法律上层建筑"之间的密切联系，他很可能还是第一个在法学著作中讨论经济问题的人，如交换、农业、货币、人口、殖民。早于拉采尔（Ratzel）和布伦克斯（Brunkes）约 120 年，孟德斯鸠就在其著作中撰写了有关气候如何影响法、奴隶制、国内关系和政府的章节以及地理构造如何影响法的章节，由此预示了政治地理学和人文地理学。虽然他的不少表述显得杂乱肤浅，我们还是可以在书中发现一些精妙的想法："不同气候的不同需求塑造了不同的生活方式，不同的生活方式产生了不同的法律。"这已然说明了一个清晰的社会概念，还特别提到了经济关系，它由地理环境所塑造，并且根据自身的需要塑造了法。早于比较法学与人类学法学的诞生近一个世纪，孟德斯鸠开始收集有关中国、日本、印度、波斯乃至野蛮部落的法和习俗的材料。不仅如此，他的著作中还有一些无人触及而又十分珍贵的线索和观察。也许，《论法的精神》已经在每一个社会学议题下给出了宝贵的建议。

青年孟德斯鸠专攻博物学，大约是受到了这段工作的影响，他在法的领域也大量采用了科学研究中的归纳法。因此，他是现代学术发展方向上的先行者。这一点非常重要。对于如何引出其主要观点，他在前言里给出了与众不同的解释：

我一遍又一遍地重新开始写作；我曾千百次扔掉之前写完的书稿。我每天都觉得双手快要失去握笔的能力。我追寻自己的主题去写作而不预设任何目标；我既不懂得规则也不懂得例外；我没有发现真理，而是失去了真理。但是，一旦我发现了自己的原则，我所寻求的一切内容都迎面而来，我看到了我的作品的诞生、成长、推进、完成。

以及：

我制定了我的原则，我看到这些原则统御着具体的事例；也就是说，所有民族的历史都只是由此产生的结果。

这似乎就是真正的学术方法了，从原则开始，通过逻辑推演进入到具体的案例之中。但实际上作为孟德斯鸠推演起点的原则并不是先验的。这些原则都来源于他 20 年间搜集、整理并在头脑中反复推敲的事实。的确，前言给出了一个令人印象深刻的观点，它同时体现了作者的天才与自欺欺人。伟大的思想家经常认为他们的灵光一闪创造了基本理念，殊不知这些基本理念是在漫长的岁月中不知不觉地成长起来的，看似一瞬间的直觉只是一生积累所激发出来的念头。

他所说的三种政府形式的原则，即共和制的美德、君主制中的荣誉、独裁制的恐怖，看上去当然是先验的论断。但这是从无数事实中推断出来的。在他的脑海中，共和制属于古代的小型城邦以及后来的意大利和尼德兰；君主制属于中世纪和他所处时代的封建和半封建的王国，如法国和英国；独裁制属于东方的庞大帝国、衰落中的罗马帝国以及俄罗斯。他所谓的原则是这些国家的驱动力。他真正想说的是历史上出现的三种政府形式是被某种形式的力量所指引和决定的，这种力量取决于国土大小、地理构造、气候、风俗、礼仪以及其他"支配人类的事物"。"原则"只是简洁而又引人注目地描述了历史上三种政府形式所在国家的社会结构的力量；只有像他这样具备渊博的历史知识并且细致观察所处时代发生的事件，才能作出如此论断。在这里，孟德斯鸠明显优于论及该话题的前辈们，包括亚里士多德。因为他没有把政府的形式看作空洞的简单程序，也没有把它们视为有意制定的法令的产物，而是将它们理解为社会中自然力量的运行结果。

因此，孟德斯鸠比任何法学作者都更热衷于收集事实。他最重要的作品就是《论法的精神》，几乎充满了事实——社会的、历史的、经济的、人类学的。他在古代历史和文献方面的惊人学识帮助他积累了这些事实。他还通读了旅行者关于外国情况的叙述，并运用了他杰出的观察能力。他曾在英国、德国、奥地利和意大利长途旅行，经常居住于巴黎，又短暂地在凡尔赛当过廷臣，这些都给他提供了难得的机遇。

诚然，我们在《论法的精神》中看到的是法社会学的迹象、暗示和素材，而不是以任何方式对其进行学术研究。但是从这些零散的骨架中，这门未来科学的核心已经构建起来了，即已经认识到了社会生活中法与某种自然本性的一致性。当然，自然法学派的拥护者曾经把自然与法的一致性同法和道德的标准描述成同类事物的变种；孟德斯鸠在其早期的章节里也表达过这一观点。但这是一种完全不同的理念。这并不意味着法和道德服从于某种法与自然的一致性，而是说它们被视为一种自然现象，即自然法的表现形式。另外，重商主义者和重农主义者，既有孟德斯鸠的前辈，也有他的同辈，已经在研究经济法了。然而，尽管目前我们可能会把他们研究的关于交换和生产的法视为某种社会法则或社会规律，但在他们自己看来，这些都是被交换和被生产的物品的法，而不是有关这些物品的人类行为的法。社会学的法则将因果律应用于社会中的人类行为。法社会学支持这样一种观点，法的标准的产生及其影响与其他自然现象一样，皆受制于同一种因果联系。这也正是孟德斯鸠的社会研究与政治研究的基础——在相同的环境下，人类行为是一致的。他对法学作出了如下推论：在相同的条件下，相同的法会产生相同的影响，而在不同的条件下就会产生不同的影响。在这方面，第二十九章有关"制定法律"的几个节标题非常有帮助，例如"相似的规则未必就有相同的效果""相似的规则不一定出自相同的动机""看似不同的规则可能起源于相同的精神""看似相同的规则有时可能区别很大"。

因此，孟德斯鸠所积累的事实并不仅仅是一种简单的堆积。这些事实以隐晦的方式成为普遍法则的例证，虽然作者意不在此。用他自己的话来说，这是因为"重要的不是让人们阅读，而是让人们思考"。他真正的意思是：我提供事实，你去彻底思考。然后你就会感觉到某些原因产生了某些影响。从那时起，你可能会推测出一条普遍法则，即在相同条件下任何地方都会发生相同的事情。如果你注意到了我所列举的事实都符合一种法则，你就能够在当下看到未来，能够相应地安排自己的活动。这种思维训练可以追溯到培根（Bacon），这是英国式的而非法国式的思维方式；它更接近于洛克（Locke）和休谟（Hume），而不是库雅修斯（Cujacius）、多诺鲁斯（Donellus）、伏尔泰（Voltaire）和卢梭（Rousseau）。

名为"法律如何有助于一个民族的风尚、习俗、礼仪和性格的形成"的这一节明显地呈现了孟德斯鸠的思想转变。在本节中，他意在表明自由政治体制必然发展出某种特定的民族性格。我们可以立刻感受到他在谈论英格兰民族，而这一节也许是对英国民族性格前所未有的最敏锐、精致和准确的分析。但是文中根本没有明确提及大不列颠、英格兰或英国人。这一节仅用了宽泛的术语。英国民族性格的所有特征，包括与他所处时代的法国相比较的某些特征，例如女性的谦卑与孤立、18世纪贵族的挥霍与奢侈，甚至像征服和压迫爱尔兰这样的历史事件——当然只是暗示而不是明确提到——也被解释为自由政治体制运行的结果，并且据说在同样条件下，这些现象会发生在任何地方。毫无疑问，宪制性法律的影响被明显夸大了。民族性格是由数不胜数的条件塑造的，即使是现代社会学家也不可能探明其中的大部分内容。与其说宪制性法律是民族性格的起因，倒不如说是它的结果。但我们可能会忽视这一点。最值得注意的是，《论法的精神》这本书的作者急于抓住一个特殊案例的普遍意义，以至于他根本不从形式上讨论这个案例。

这一趋势同样体现在书中有关立法政策的部分。但是，我们不能过于强调孟德斯鸠的改革计划。这些计划的诞生充满了实际意义和深刻的正义感与道德感。它们通常风格优雅，以敏锐和洞察力见长，其中一部分——例如对黑奴贸易的致命讽刺，或者一封犹太人写给宗教裁判所的、有关对一名19岁犹太人进行异端审判（auto-da-fé）的、充满了尖刻讽刺的信——堪称文学上的佳作。但它们毕竟没有超出他所处时代的平均政治智慧。他所力求的宪法、刑法和民法改革如今大都成为理所当然的事，他反对专制、奴隶制和酷刑的巧妙论证与激烈抨击，以及他对限制异端审判的恳求，尽管在他写作的年代实属大胆，给同时代人留下了深刻印象，但现在已司空见惯。不过对于那些对公共事务漠不关心却推托说其不可能取得进步的人而言，它们仍然值得一读。进步是显而易见的，因为两个世纪以前需要像孟德斯鸠这样的天才来推动的改革，如今已成为理所当然的事。

如下这些特质表明，孟德斯鸠不过是他所处时代的孩子：人道的、博爱的、理性的、大胆的、巧妙的、机智的。但在这些方面，他毕竟没有取得任何实质性的进展。然而，他强调立法必须建立在科学基础上，这一点就远远领先于18世纪的政治家。这正是他在《论法的精神》的前言中提出的。他指出，人民必须被启蒙。如果人们陷入无知，那么即使犯下滔天大错，他们也无所察觉。经过充分教导后，人们即使行善也会战战兢兢。他们看到了改革的弊端；他们遭受不幸，害怕变得更加不幸；他们仅仅允许做好事，却犹豫是否要做得更好；他们考虑部分是为了理解整体；他们审视原因以确定结果。为了达到孟德斯鸠所期望的知识，人们必须接受人性方面的教导（de connaître sa propre nature lors qu'on lui montre）。他所说的人性，在我们的时代可以表述为"人类社会"。在了解人性的基础上增进对社会及其力量的洞察，我们就可以通过立法实现对社会的控制，就像蒸汽机工程师借助其对机械原理的了解来控制机器一样。孟德斯鸠忽视了行政与司法，这两者相较立法而言有更多的机会去控制社会。

在这本书涉及立法政策的许多部分，尤其是涉及刑法的部分，都可以找寻到上述思想的痕迹。但是更可取的做法是仅对孟德斯鸠有关自由的观点进行评价。正如他所说，自由不过是与国家统治相对立的社会生活。不同于霍布斯和自然法学派，他清楚地认识到，社会生活要求独立于国家，他的研究的主要目的在于保护其免受国家权力的侵蚀。现在，我们来讨论《论法的精神》中"英格兰的政治体制"这一节，本节的内容让孟德斯鸠备受尊崇，也许相较于其他任何章节，它更为不朽。

本节的安排很像上文提到的论述政治体制如何影响民族性格的那个章节。毫无疑问，本节的全部基础在于观察英国政治体制的运行。但是，除了标题和章节末尾的只言片语，作者没有提及大不列颠。他所关心的问题不是英国政治体制的框架，而是一个自由民族的政治体制应该如何制定。他审视了这一政治体制的原则，"自由从那里映现出来"，根据他在先前章节里的说法，这仅仅是因为"世界上有这样一个国家，它的政治体制的直接目标就是政治自由"。在这里，他又一次想要通过特殊案例呈现出普遍法则。

当前讨论的这一节阐述了著名的权力制衡学说。政府的三个分支——立法、行政和司法——必须在制度设计上归于不同的主体，三者之间必须维持完美的平衡，以防止国家官员作出专断的决定；立法权应当限于制定总体规则，并在总体方针而非特定事例上制衡行政权；行政权应当限于外交和军事事务；司法权的唯一职责是根据成文法对诉讼和刑事控告作出裁判。这样一来，每种权力都被另外两种权力制约，一切压迫和搜刮都会消除。由于掌握军事力量的人一旦想要侵犯自由就可能不太在意政治体制的约束，因而孟德斯鸠设想了一种军事组织，它使军队在国内效率低下，却没有过多地考虑它对外的效率。

因此，在孟德斯鸠看来，自由意味着一种社会状态，在其中政府不能超出立法为其设定的边界来妨碍社会；反过来，根据他对代议制政府的看法，政府和社会在功能上存在联系。司法权也会以不同的方式被委托给社会的代表。这个学说饱受争议，事实上它存在模糊和不完整的地方，它无法避免矛盾。首先，它告诉我们，立法权仅限于陈述总体规则、颁布法律、批准预算，但它不干预特定事例。而由于行政权只处理国际法方面的事务，司法权处理民法方面的事务，因此我们可以认为，行政权同国内事务无关。但是，仍存在着大量既不能由总体规则去规定，也不能由法官去处理的国内事务。我们必须询问管理该事务的部门。然而，孟德斯鸠似乎认为行政权的职能是执行立法机关制定的法律和条令。他还说，受国王之命执行这样任务的大臣因此对立法权负责。但这样行政权就超出了一开始所说的职能边界。最后，还有大量政府事务与执行法律无关，同时因为其开支完全仰赖预算，孟德斯鸠没有说明由哪种权力管理这类事务。这些就是孟德斯鸠的论述中最明显的自相矛盾，但我们可以轻易找到更多充满矛盾的表述。

事实上还有两处不准确的内容。孟德斯鸠所设想的权力制衡模式从未真正存在于大不列颠或其他地方。英格兰议会起初只是法院。它从未成为唯一的立法和控制机关。至今它仍然在处理行政和司法工作，而在孟德斯鸠的时代它只会处理更多工作。我们有充分的理由认为，英国国王及其内阁的许多权力，以及一些委员会的权力，实际上都是立法性质的；在过去，国王还担任法官，法律从未剥夺这项权力，一些司法权仍由国王的官吏行使。大不列颠和其他地方的法院并不局限于仅适用成文法，在这一点上孟德斯鸠误解了司法职能。英国法官自行发现法律并制定司法规则。因此，根据孟德斯鸠的标准，他们也在立法。

正是因为存在上述和其他的缺陷——这些缺陷主要是由德国学者指出的——孟德斯鸠的理论在法学界很难站住脚。但是，毕竟孟德斯鸠比那些渊博的批评者看得更多，也看得更深。孟德斯鸠的功绩恰恰在于，他从令人尴尬的困惑中厘清了国家机构的基本职能要素，并指明了大不列颠在那个时代行使这些基本职能的具体机构。国家机关、地方法官、官员、委员会等机构和职位可能因政府的意图而出现，长期来看可能会侵占本不属于它的管辖范围；但是，由于政府处理事务的需要以及社会生活的发展，这些机构仍然会不断发展壮大。天才的洞察就在于从繁杂的机构中识别出发展的主线，并指明推动这一发展的力量。

这就是孟德斯鸠的成就。他从必然存在于任何国家的政府权力中观察到了三个分支，尽管实际分配可能有所不同。他看到了分开这三种权力、分配给不同委员会或机构的普遍趋势。他认识到，拆分与平衡这三种权力，对个体的福祉和人民的自由是多么重要。他理解了议会控制和责任内阁的重要性。在所有这些问题上，他更关心的是厘清本质特征，而不是描述精确的细节。为了引出真正的发展方向，他忽视了那些可能导致意外偏离的次要因素。这一点上他毕竟是个法国人。不直白就不是法语（Ce qui n'est pas clair n'est pas français）。洛克当然是一位伟大的前辈，但正是孟德斯鸠的增删才使得洛克的学说具有普遍意义，因为洛克的陈述只适用于英国的政治体制。我们必须承认，这些内容正是孟德斯鸠著作的杰出部分，在这里，孟德斯鸠展现了他深刻而敏锐的观察能力，不仅看到了已经成长的事物，还预见到了正在成长的事物。很明显，英国的政治体制就是按照他所暗示的方向发展的。如今，比起他写作的年代，英国的政治体制更加符合他的描述了。美国政治体制的奠基人采纳了他绝大部分的学说，特别是权力制衡学说。法兰西第一共和国和复辟王朝的政治体制很大程度上受到其学说影响。但最重要的是，作为19世纪欧洲和世界其他地区成文宪法之典范的比利时宪法很大程度上也受到了同样的影响。因此，《论法的精神》第十一章第十一节的问世是世界历史上的重大事件。

在书中讨论联邦共和国的部分，孟德斯鸠证明了自己不仅是一个渊博的学者、敏锐的观察者，更是立宪政治的向导和先知。以他的经验，他只能看到一种共和政府，也就是古典时代和后来在意大利出现的城邦，这些城邦弱小而繁荣，面临着被征服的危险，一旦它们的疆域和实力增长，又受困于各种腐败。因此他认为，这些城邦最佳的出路在于组成联邦政府。在他眼前的是瑞士的共和国联邦、尼德兰的联邦和德意志的神圣罗马帝国，后者是由君主国与共和国组成的联邦。他从中推断，小型君主国的联邦根本不可能，因为不曾见诸史册，由君主国和共和国组成的联邦必然存在缺陷，正如德意志帝国所表明的那样，这是因为君主国的精神是战争与扩张，同共和国要求的和平与节制的精神不相容。但是，小型共和国的联邦会繁荣兴盛，一如瑞士和尼德兰所证明的那样。通过联合，他们的军力足以抵御征服并在内部保存纯粹共和制政府的优势。在美国和澳大利亚，联邦共和国惊人的繁荣证明了他的观点是正确的。

不过，做先锋是有风险的。用 18 世纪的方法和材料去建构法社会学是惊人的壮举，但同其他领域一样，壮举和荒谬只有一步之遥。脑力劳动的效率不仅取决于发起者的功绩，还取决于国家的整体状况。即使一个天才可以超越其时代而前行，他也不可能完全脱离与之水乳交融的环境。他的每一步都体现出与同时代人所共有的偏见和缺点。此外，他不能享受科学所能提供的支持，因为科学还没有收集到解决他所提出的问题所需要的资料，他也没有对同时代人产生真正的影响，人们还只能掌握那个时代的理解能力范围内的东西。孟德斯鸠的伟大成就的命运在某种程度上很像丹尼斯·帕平（Denys Papin）在 17 世纪制造的蒸汽机的命运，尽管还不完善，且在当时寂寂无闻，直到几个世纪后才被发现。孟德斯鸠在他的时代受到推崇，主要是因为某些经不起考验且已经过时的作品。但他最重要的科学工作却没有受到关注。现在它们被遗忘了，被后来的科学进展所取代，不得不由传记作家们从尘封中挖掘出来。

首先，他的作品的基础实际上极不可靠。的确，他是一位古代史和早期中世纪史的杰出学者，但是他所知的历史当然不是我们今天所知的批判的历史。他把李维（Livy）和狄奥尼索斯（Dionysius）所描绘的神迹当成事实。他相信吕库古（Lycurgus）、罗慕路斯（Romulus）与雷穆斯（Remus）。他知道罗马王政时代和其后不久的政治体制之全貌，但现代历史学家非常不幸地承认他们对此一无所知。对于6世纪和7世纪的法兰克人，他知道的比索姆（Sohm）和布伦纳（Brunner）还多。在涉及野蛮部落、中国、日本、波斯、土耳其、鞑靼人和莫斯科人的资料时也是同样的情况。他去了解这些遥远国度和民族是出于热忱，我们必须对此表示高度的敬意。但是我们不能忽视：旅行者的讲述、传教士的报告和那个时代的历史著作已经不再具有科学价值。

不仅如此，他尝试完成的任务甚至超越了现代社会学家的能力范围。要通过社会去解释法，我们必须对该社会的经济社会状况有透彻的理解。如果古代作者的帮助还不够，我们就必须从过去时代的遗迹中寻求补充信息，例如纪念碑、家具、乐器、花瓶图案、铭文，在某些方面，这些信息比书面资料提供了更多启示。科学地利用文物（Altertümer）对于了解社会经济关系是不可或缺的，但现在这仍处于萌芽状态。孟德斯鸠写作的时候，此类材料的汇编和考察才刚刚开始。不幸的是，孟德斯鸠没有考虑到当时已经存在的东西。

书中讨论法与社会的实际关系的章节也是一样的。他始终缺少统计学、地理学、人类学、行为学的数据，如果今天的社会学缺少这些数据，那么它的科学基础就不存在了。至于遥远国度和民族，野蛮部落、中国人、日本人、莫斯科人、波斯人和土耳其人，我们唯一可以肯定的是，他努力从中汲取信息的那些旅行者叙述、传教士报告甚至历史学著作，都已经被证明毫无科学价值。因此，他真正可以利用的只有他自己的观察。事实上，我们今天仍抱以极大兴趣而进行阅读的著名章节正是建立在这一基础之上。这包括前文所述的有关不列颠政治体制和英格兰民族性格的章节；还有关于君主国的原则是荣誉、君主国的（法国式的）教育、西班牙人的性格、宫廷和廷臣、神圣罗马帝国和波兰等内容的章节。从这个角度看，《波斯人信札》由于完全建立在观察之上，可能是他最好的作品。孟德斯鸠作品的另一个缺陷——尽管现代社会学家也有这个缺陷——就在于他从法典、教科书和法律手册中发现法和法的规则。因此，由于他没有看到社会机制的统治形成了法的规则与社会之间的纽带，他无法在两者之间建立任何联系。当他试图阐明某些法的起因时，他就只能进行推测，这从科学角度看是站不住脚的，大部分是没有条理而且错误的，经常是荒诞甚至可笑的。关于气候、地理构造和宗教的章节充斥着这种情况。原因在于他实际上没有充分考虑他在理论上认识到的东西，也就是这些因素必然在产生法的规则之前就已经塑造了社会机制。同样，当他研究社会和经济状况的时候，他无法指出它们对法的影响，因为他忽视了社会机制，而社会经济状况正是通过社会机制发生作用的。有关世界商业史以及封建法律的论述尽管值得尊敬，但在某种程度上却好似悬在空中。我们要发问：它们和一本关于法的精神的著作有什么关系呢？如果他仔细说明封建军事组织如何影响了中世纪的土地权益，以及商业的不断扩张如何必然引起合同法的改革与进步，那么情况就有所改观了。

在书中有关立法的部分，孟德斯鸠所持有的政治观点也与现代理念不同。他的观点是非常自由主义的，却又带有相当的封建倾向。一方面，拥有古老种族的血统让他非常自豪，这种感情不断地影响着他的主张。他希求给贵族保留尽可能多的旧时代特权。在这一制度中，贵族保有上议院，这同时是贵族的特别法庭，这些贵族受到人民的嫉妒，大众的法庭不能审判他们。应当禁止贵族经商。不应当允许开办大型贸易公司，因为大公司可能会抑制其他阶级的影响力。封建意义上的荣誉被说成是君主制的原则。他还建议采用一条法国的古代法律，对贵族的罚金应当比对恶棍的罚金更重，但在其他方面对民众的处罚更严厉。另一方面，他的古典研究常常使他神往古典时代的共和国，以及它们的朴素美德、爱国主义与节俭。这两种截然相反的老式偏见严重削弱了该书有关立法的章节的说服力。

最后，孟德斯鸠不懂得现代意义上的发展和演变。在他看来，社会的因果律和法的因果律仅仅是外部环境促成的变化。这不同于巴克勒和萨维尼所设想的发展，他们认为变化来源于主体自身的性质，同时受到社会结构的制约。我们只能在少数有关历史的段落中才能找到这一观念的蛛丝马迹。孟德斯鸠心目中的因果律不是现代自然哲学意义上的进化，进化意味着主体对外部环境的缓慢适应，并包含逐渐完善的意思，因为后一阶段相较于前一阶段总是被理解为更高级的存在。孟德斯鸠完全不具备这种观念。他完全不了解结构性发展的程度。他比较了中国人和西班牙人的民族性格（Du caractère des Espagnols et de celui des Chinois）。他把利西亚共和国（the Republic of Lycia）和尼德兰相提并论。在他看来，法的任意性主要取决于立法者意图适应客观环境时所表现出的智慧和善良本性。如果中国皇帝足够明智和仁慈地对待自己的人民，那么他就能够为中国带来如英格兰一样完善的制度。

作为一个天才，孟德斯鸠的悲剧在于超越了时代。同时代的人只能理解他作品中微不足道且转瞬即逝的内容，真正不朽的内容却无人问津。后来的人们更乐于从根基开始彻底重建一部新的作品，而不是利用孟德斯鸠仓促奠定的基石。因此，《论法的精神》的影响与其展现的精神力量并不相符。就现代科学的需要来看，这本书是一位大贵族随性、业余且破碎的作品，而不是一位学者的作品。尽管如此，它仍然是一部精彩的著作，蕴藏着不可估量的思想宝藏，一代又一代的法学家可以从中汲取观点和建议。如果一个人有幸像玛士撒拉（Methuselah）一样长寿，也许在他最后一百年的寿命中，在配备了新千年的全部科学知识的条件下，可以尝试开展孟德斯鸠所期望的工作。我认为他不必对孟德斯鸠的著作进行任何根本性的修改。我想他可以保留骨干和框架、主要理念、结构以及大部分细节。总而言之，在保持原样的章节标题下放置新的论证就足够了。如此一来，这本书肯定会成为关于法哲学和政治学的一部最上乘之作。

欧根·埃利希

维也纳

法社会学[*]

---

* 本文译自"The Sociology of Law", *Harvard Law Review*, Dec., 1922, Vol. 36, No. 2, pp. 130-145.

在开始对法社会学进行考察之前，我可以先提问题吗？是否存在一种世界性的法？抑或在不同的国家、不同的民族中存在着不同的法？大部分法学家和许多外行人都倾向于立刻肯定第二个问题；他们总是听说法国的、英国的、罗马尼亚的法，因此他们自然相信法的多样性。如果有人提出在所有这些多样性之上必然存在一些普适的法的理念，他们会说这是一种早已被摒弃的自然法的概念，科学的法学家已不再相信它了。

但他们会怎样评价如下相反的说法呢？设想我们即将前往一个国度，并且对该国的法一无所知，我们还是确信会在该国找到这些事物：婚姻、家庭、所有权。我们当然还会期待在商店用钱买到商品、租一个房间、能够发放或者接受贷款、发现财产在某人死亡后被他人继承。所有这些事物，婚姻、家庭、所有权、契约、继承，都不能离开法。如果它们存在于每个文明国家的文明民族当中，那么很明显，在它们之中一定有着某些东西是所有法的体系所共通的。在未开化和半开化的民族中，某些共通的事物是缺失的，另一些事物也处在难以辨认的状态，但即便如此，整体的系统依然存在。在某些方面，今天的布尔什维克党执政下的俄罗斯是一个例外，但这个例外极具启发性，正如我希望展示的，它也证明了上述规律。

肯定的一方和否定的一方都依赖相似的词汇指代不同的事物，这在对立观点的碰撞中经常发生，最终导致双方各执一词。主张法的多样性的人把"法"（law）理解成"法律条文"（legal provisions），至少在今天看来，每个国家的法律条文都是不同的。强调多样性之中的共同要素的人则注重"社会秩序"（social order）而非"法律条文"，这正是文明国家与文明民族中的主要的相似之处。实际上，它们甚至同未开化和半开化的国家与民族有着许多共同特征。

社会秩序依赖最根本的社会机制：婚姻、家庭、所有权、契约、继承。社会机制不是桌子或衣橱那样的有形之物。不过，我们的感官可以感受到，处在社会关系中的人根据既定规范行事。我们知道丈夫与妻子或其他家庭成员之间如何相处；我们知道必须尊重所有权，必须履行契约，财产在其所有权人死亡后必须由他的亲属或最后一份遗嘱中提到的人继承，并且我们都根据上述原则行事。如果我们在陌生的国家旅行，当然会遇到一些偏离我们熟知的制度的情况并因此陷入困难，但即使不了解当地的法律条文，我们也能很快根据身边的所见所闻而得到足够的指引，从而避免冲突。法律条文是供法院判决法律案件的裁判规范（Entscheidungsnorm），或是供行政官员处理特定案件的行政规范（Verwaltungsnorm）。现代的实务法学家通常把"法"

这个词汇理解为"法律条文",因为这是他日常实务中最感兴趣的那部分法。

没有法律条文的法的体系可能存在吗?换句话说,能否想象一种仅仅包含社会秩序的法的体系?答案必然是肯定的,因为社会比法律条文更古老,并且在法律条文出现以前就存在着其他的秩序。如果人们去阅读塔西佗的《日耳曼尼亚志》,就会发现那里存在着相当复杂的等级制(亲王、贵族、自由民、半自由民和奴隶);同样,还有关于家庭关系的内容;之后就是关于日耳曼人土地占有制度的费解段落、关于契约的叙述以及关于继承的更为详尽的讨论;但是人们找不到法院根据什么指示来解决诉讼。实际上,古代日耳曼人的法院架构过于原始,不可能产生这种指示。如果人们想要在旅行记录或传教士报告中去寻找其他未开化或半开化民族的相关法律指示,结果也是一样的。人们可以了解到有关婚姻、家庭、生活中的等级地位、土地占有制度、契约与继承的大量规则,但与此同时却找不到我们熟知的法律条文。

民族发展的早期都是如此。但如果我们来观察同一民族的较晚的发展阶段,那么显而易见,他们已经积累了大量的法律条文,然而这些法律条文却不能包含全部的社会秩序。法兰克王国的萨利克法典(*Lex Salica Francorum*)在其浩繁的段落中包含了萨利克的法兰克人曾经拥有的所有法律条文。如果我们将它们与布伦纳（Brunner）的《法律史》（*Rechtsgeschichte*）所记载的法兰克人的法进行比较，就会发现后者之中只有很小一部分来自萨利克法典，其余部分更多地依赖于历史著作、文献和其他材料。也就是说，彼时法兰克人的法只有很小一部分被编纂为法律条文。从那时起，几乎就没有例外的情况。即使在今天，法律条文也不可能囊括所有的法。诚然，近几个世纪以来法律条文大幅增加，以至于世界上任何法学家都不可能掌握其全部，即使是他本国的法律都会令他发狂。但是生活的内容更加丰富。想要在法律条文中包含全部人类活动的丰富内容，就像企图抓住流动的溪水并将其放入池塘一样不明智；被捕获的部分不再是活生生的溪流，而是一潭死水——并且大部分内容根本不可能被捕获。

这源于我在几部著作中阐释过的法律条文的历史，特别是《法社会学原理》（*Grundlegung der Soziologie des Rechts*）和《法律逻辑》（*Juristische Logik*）。所谓的法律的史前时期还没有法院。争议要么通过妥协得以和平解决，要么在血腥的争斗中旷日持久。这些争议大多是基于谋杀、伤害、绑架、强奸、盗窃、欺诈而产生的。法院在稍晚的时期才出现。当各方在环境的压力下理所当然地认为争议必须和平解决，但无法就受害方放弃争斗并获得赔偿而达成一致时，他们就需要接受一个或几个他们信任的人做出的裁决。他们的责任就是赔偿损失。人们相信这些赔偿（通常是一定数量的牛）能够使受害方放弃争斗。人们记住了这些惩罚的数额；如果后来发生类似的案件，先前案件的赔偿数额就逐渐成为让原告方感到满意的不证自明的标准。公共机构如公民大会频繁地汇总并公布这种传统的惩罚或"和解"（Compositions）。这类汇总仅仅是惩罚清单。日耳曼的民间法，所谓的蛮族法（Leges Barbarorum），主要就是这种惩罚清单。其内容是如下的一些规定：如果一个自由民杀死了一个贵族，他支付如此数量的黄金；如果一个人打瞎了另一个人的眼睛，他支付如此数量；如果他打瞎了两只眼睛，他支付如此数量；如果一个人盗窃了一头牛，他支付如此数量；如果他盗窃了一只母鸡，他支付如此数量。流传下来的罗马十二铜表法的片段当然来自于法的历史演进的不同阶段，但其中最古老的内容当属这种惩罚清单。

这是法律条文的最初形式。但它的作用没有发挥很久。民众的经济生活在扩张，财产在增加，商业和工业兴盛起来，由此出现了一种完全异于早期形态的法律争议。法官面临着新的问题，而为了解决这些问题就需要付出比以往更为繁杂的脑力劳动。司法判决开始引起普遍的兴趣。有些人书写判决、收集判决、整理判决，与此同时各方都要求，凡是与旧案相似的新案都应当尽可能根据相同的法律条文裁判。（这里体现了裁判规范的稳定性原则。）因此，在法的发展过程中，掌握判决知识的人群获得了巨大的影响力；他们成为法学家，这些法学家偶尔也充当法官，但更多的情况下作为律师和意见书的作者来左右判决的进程。这样一来，司法判决就成为法律条文，因为它们包含了针对未来案件的裁判规范。

因此法律条文的原始形式是司法判决。每个发达的法的体系都经历过主要由司法判决组成法律条文的时期，即使是现代英美这样的发达民族，普通法作为其法律的重要组成部分也仍处于这一阶段。在每个案件中，英国普通法的法律条文都必须从浩繁卷帙的英美司法判决中寻找。但法学家并不满足于仅仅收集和整理司法判决。随着时间推移，他们成为法律作家和法律教师，基于这些身份，他们进一步发展了法律条文，而这主要是通过对判决的一般化总结来实现的。在司法判决中，有本质重要的事项，也有非本质的事项。因此，可以说原告是红头发或被告已婚，不过这都是无关紧要的事项。法学家剔除了非本质的东西，由此制定了可以普遍适用的法律条文。十二铜表法中关于过失杀人的法律条文是这样开始的："如果在其掷出标枪之前，标枪就从他手中滑落。"（Si telum manu fugit magis quam jecit.）在这段话里我们仍能看见形成司法判决的原始案件的痕迹。然而，法学家宣布：是被告让标枪滑落，抑或是其他方面的疏忽造成标枪滑落，这都没有关系。由此，在法学中就产生了这样的规定："任何人因疏忽而致人死亡。"但有时法学家也会试图预测法院的行为，并针对法院尚未判决的案件去塑造法律条文。通过这种实践的方式，新的法律条文可能会出现在法学之中。

这种法学家法在很多情况下代替所有其他的法——例如在古罗马，在 16 世纪和 17 世纪的意大利、德国、法国、尼德兰，部分地区直到 18 世纪末，德国的部分地区甚至持续到 19 世纪。法院不再依赖早前的司法判决或成文法，而只依靠法学家的著作。但这些著作有成百上千卷，充满了矛盾和争议。因此，为了国家的利益而试图从混乱中恢复秩序也就顺理成章了。罗马皇帝优士丁尼便是如此。《国法大全》（*Corpus Juris*）的第二部分，也就是优士丁尼的负有盛名的法学著作（《学说汇纂》，*The Pandects*）就是由罗马法学家的著作选编而成，同时他尽可能地消弭了其中的矛盾和争议。在 18 世纪末和 19 世纪，欧洲国家的立法者也走过同样的道路，由此出现了《普鲁士一般邦法》（*The Prussian Landrecht*）、《拿破仑法典》（*The Code Napoléon*）、

《奥地利法典》(*The Austrian Code*)、《德国民法典》(*The German Bürgerliches Gesetzbuch*)、《瑞士民法典》(*The Swiss Zivilgesetzbuch*）以及许多模仿它们的作品。将这些作品视为通常意义上的法是错误的。它们主要是既存的法学家法的汇编。即使在某些罕见的情况下，颁布者试图为一个尚未被判决的特定案件寻找解决方案，他们也只是在重复法学家们长期以来习惯做的事情。可见，他们提供的主要还是法学家法。因此，很多人以为所有的法都是由国家以成文法的形式创制的，这是一种错误的认识。一方面，当社会关系、婚姻、家庭关系、所有权、契约、继承自发地形成秩序的时候，大量的法也就立刻出现在了社会之中，而这些社会秩序大部分都没有被纳入法律条文。另一方面，法律条文经由司法判决或法学，以判例法或法学家法的形式而产生。诚然，法典汇编是一种国家制定法的形式，但就其内容而言，它们几乎全是法学家法。

然而，我们不能就此认为不存在国家制定法，即国家通过立法创制的法律。国家通过它的强制力量（归根到底是军事力量）创立制度，并为这些制度提供法的规则。国家制定法首先包括国家的宪法，然后就是涉及军队、财政、警察的法律，有关公共健康、安全和道德的规章，还有现代社会福利和社会保险的法律。大部分的国家制定法都是行政规则

（给行政官员的指示）。此外它还包含裁判规则（指示法官如何推进诉讼并作出裁判）。

人们普遍认为，立法是国家最古老的、原始的、专门的职责。但实际上，国家只有到了其存在的后期才成为立法者。原始的国家纯粹是军事权力中心，与法律和法院无关。还未欧洲化的原始国家并不懂得立法。诚然，我们谈论摩西、查拉图斯特拉、摩奴、汉谟拉比的立法，但这些只是判例法和法学家法的汇编，混杂着许多宗教、道德、仪式和卫生方面的规定，就像我们在通俗或科普著作中看到的一样。一个东方专制君主只要愿意的话，就可以把一座城市夷为平地，或者把几千人判刑，但他无法把民事婚姻引入他的王国。即使是古代城邦国家的公民大会也没有制定成文法，而只是针对特定事务制定规则，例如战争与和平、征税、条约、接见和驱逐外国代表。真正的立法最早出现在雅典，在那里，人们准确地区分了有关特定规则的决定（ψήφισμα）和包含法律条文的决定（νόμος），这在古罗马得到了完美的发展。中世纪的日耳曼国家一开始处于罗马传统的影响下。因此，我们可以在中世纪早期看到某种立法，即皇家法令集（royal capitularies）；但是，我们越是追溯古代，法令集就越少，最终立法的一切痕迹都消失了。在 9 世纪的沃尔姆斯议会（the Diet of Worms）上，关于堂表亲的继承权是通过司法决斗来决定的；17 世纪，英国主教敦促默顿议会（the Parliament of Merton）将非婚生子女的父母的后续婚姻合法化，议会的世俗代表这样答复："我们不想改变英格兰的法律。"（Nolumus mutare leges Angliae.）这个答复表明，他们并非出于不愿意接受合法化规则而产生此态度，而是因为他们认为当时的议会在任何情况下都不能也不应该干涉这一问题。在 11 世纪的意大利、13 世纪的英国、14 世纪的法国和 15 世纪的德国，国家立法又一次变得重要起来。

事实就是如此。一部成文法仅仅被通过是不够的，它必须能被执行。因此，国家必须在法官和其他官员中组建有关机构以确保法的实施。但是法院和其他官员从一开始就是某种社会机制，是因为受到当事人或一般民众的信任而被委任或以其他方式选出的人员，他们对立法并不十分关心，正如我们的陪审团有时也不关心立法。此外，还必须采取措施使得成文法为这些遍布各个领域的机构所周知。这些人必须能够阅读、理解和使用成文法。为此就需要有才能的人，而这类人才在东方国家是最缺乏的，在中世纪的大部分时间里，欧洲国家也同样如此。正是由于这个原因，欧洲有一个国家土耳其（它现在还是欧洲国家吗？），直到 19 世纪中叶都没有立法，也不可能立法。土耳其的法官，即所谓的卡迪

（Kadi），是神职人员，他只知道完全由伊斯兰法学家法所组成的伊斯兰教法（Sheriat）。如果苏丹给卡迪送去一套交易规则，卡迪肯定会不知所措。克里米亚战争爆发后，土耳其开始欧洲化并制定了现代商法典，同时被迫建立了自己的商事法院。

上述观点是我在《法社会学》（*Soziologie des Rechts*）中详细阐述过的，由此可知，很多人相信社会机制、婚姻、家庭关系、所有权、契约、继承都是经由法律条文才得以存在，这种认识是完全错误的，而如果认为它们是经由成文法才得以存在，则是错上加错了。成文法只创设国家机制，但大量的法律条文都不是由成文法创设的，而是由判例法和法学家法制定的，并且不是通过事前考虑，而是通过事后考虑才制定的；因为如果要使法官和法学家处理一项法律纠纷，所涉及的机制必须已经存在于生活之中，而且已经引起了该纠纷。在相对罕见的情况下，法学家并非针对一个实际的法律场景，而是针对一个学术的法律场景而发现了法律条文，但即便如此，也只有在社会中已经存在了这类法律场景的基础之后，他们才会想到这些场景。国家比国家法更古老。婚姻家庭法的法律条文以婚姻和家庭的存在为前提。在所有权制度存在以前，构成所有权法的法律条文不可能出现。在相应的协议签订之前，有关契约的法律条文也不可能产生。在关于财产继承的第一项法律条文被制定出来以前，人们已经有长达几个世纪的实际继承财产的经验了。

这不仅发生在灰暗的过去，今天更是如此。因为社会秩序不是一成不变的，立法至多只能偶尔地改造它。它在不断流动。旧的机制消失，新的机制形成，保留下来的制度也在不断地改变着它的内容。今天的婚姻已不同于往日。任何人如果回顾过去的 50 年，只需要靠自己的记忆就能证明，他年轻时代的夫妻关系或者亲子关系与今日全然不同。在现代集约型农业兴起的地方，旧的土地占有制度已经被一种完全不同的制度所取代。现代大都市的需求带来了巨型建筑企业，这种企业在半个世纪以前还闻所未闻，而这正在改变城市的土地占有制度。人们正在缔结完全不同类型的合同。30 年前有谁知道工人集体协议（Arbeitertarifvertrag）？这是伯尔尼的罗特瓦尔（Lothwar）在其有关工人合同的名著中揭示的。40 年前有谁知道商业机构间的合同中的竞争条款？这些内容现在正困扰着法学家。100 年前，谁听说过铁路货运合同？而不久以前，托拉斯和联合公司又在哪里？在个体的短暂生命中，这种变化很难被察觉，但在几个世纪的尺度上，变化的规模就是革命性的。如果说现代社会与中世纪有着明显的区别，我们必须记住：这在很大程度上是逐渐发生的，绝不是通过立法，而是通过当时的人们无法察觉的细微调整而实现的。

进一步而言，新的情况意味着新的利害冲突和新的争议，这些都需要新的裁判和法律条文。在我们这个时代，上述需求主要是由立法来满足的。但这也是一种事后考虑，即当事情已经足够明显，以至于能够推动立法机器开启运转。然而，这项工作仍有很大一部分是由判例法和法学家法的法律条文来实现的。人们常常忽视这一点，因为现代社会中的法官和法学家在根据他们自己发现的法律条文去裁判纠纷时，总会援引许多成文法的规定，以使他们在表面上是根据这些规定来进行裁判的。这在本质上就是法律诡辩，对此我在《法律逻辑》中做了更为详尽的论述。通过成文法，立法者只能对那些引起他注意的法律案件作出裁判。因此，如果立法者从未想到或无法想到某种法律案件，他就不可能从成文法中推导出判决。这种情况清楚地反映在任何版本的带有判决的法令集即评注版法典之中。在这些著作里，每个部分都注明了与该部分相关的司法判决。这样的判决事实上很可能包含了一项新的法律条文，法院将会完全采纳这一条文，仿佛它已经被纳入了成文法。

由此便可以清楚地看到，法律条文不可能覆盖所有的法。司法判决仅仅来源于那些诉至法院的案件。即使是法学家的著作，通常也只讨论那些进入法院的法律问题。但诉至法院的案件毕竟是少数。大部分事务都能毫无争议地解决。无数人处于或曾经处于无数的法的关系中，却无须同法院或官员打交道。即使真的发生争议，通常也是以友好的方式解决，或是当事人之间达成妥协，或是因为他们担心时间和金钱成本而放弃了要求，又或者，就像今天时常发生的那样，农民、临时工、工人没有希望在法庭上战胜强有力的对手，故而只好选择退让。此外，我们还要记住，一般只有最高级和最受尊崇的法院判决才会创制法律条文，而由于许多纠纷所涉及的金额微不足道，根本不会到达这类法院，因此对这些案件而言没有对应的法律条文。这一点尤其正确，因为直到最近，法律作家还没有屈尊关注平民百姓的事务。从商业角度看，这些事务无利可图，但从社会角度看，它们往往是极其重要的。最后，必须记住，新的法律状况总会缺少法律条文，无论是足够数量的相关纠纷终于导致司法判决，还是让法律作家注意到这些新的状况，都需要一定的时间。

对普通民众而言，劳动和服务合同比其他法律事务都更为重要，然而这一主题在《法国民法典》（*The French Code Civil*）中只有区区两个条款：一条禁止终身劳动合同或服务合同，另一条（在拿破仑三世统治期间已被废除）授权提供服务或劳动的一方以宣誓的方式来证明工资的支付情况。没有人认为通过这样的方式就调整了劳动和服务合同。对这一现象的解释就在于，《民法典》的编纂者手头没有法律条文，原因很简单，当时只有下级法院审理过劳动和服务合同，这些事务尚未在法律文献中被阐述。今天，这类合同有了大量的法律条文，其中一部分已被囊括于迄今颁布的成文法之中，还有一部分建立在法律裁判的基础之上。人民群众社会地位的提高造就了这一变迁。

因此，法律条文的存在和内容都取决于社会。只有在社会中出现了相关的机制，法律条文才会出现，它的内容来自于针对社会上出现的利害冲突所作的裁判，而这些冲突大多已经找到了司法解决方案。与此类似，一方面，通常只有当社会层面的利害冲突尖锐到国家不得不干预的时候，一部法律才会首次面世。另一方面，只有当法律条文的预设条件存在于社会中时，这一条文才是可以适用的。如果与之相关的条件消失，如果与之相关的利害冲突不再重演，那么即使没有明令废除，该法律条文也会消亡。过去3年中，一些国家变成了自由国家，在那里有关冒犯君主（lésé majesté）和冒犯王室成员的条文已经过时了。然而，冒犯外国王室成员的规定却并非如此，因为前一个命题所预设的条件并不成立；那些事物还存在于后一类国家中。实际上，如果人们失去了对某种原先存在的利害冲突的信念，这就已经足够了。当人们不再相信巫婆和巫师的时候，查理五世（Emperor Carl V）的刑法典（即所谓的《加罗林纳刑法典》，*Carolina*）中有关巫术的条文也就不再适用于德国了。

有些事实可能看上去和这一理论相抵触。例如，中世纪晚期的意大利、西班牙、法国、德国和尼德兰接受了罗马法，更准确地说，接受了《优士丁尼法典》，即《国法大全》，其效力维持到 18 世纪末，某种程度上延续到了 19 世纪中期或晚期。类似地，许多欧洲国家和其他国家的法典不过是修订版的法国法典，特别是《民法典》。类似的现象也可以在其他材料中找到。有人可能会认为，这些法典与那些引入该法典并使之生效的社会并没有联系。但这仅仅是表面上的矛盾。正如本文开头所述，文明社会的基本机制在重大问题上是一致的。无论在哪里，我们都会看到婚姻、家庭关系、所有权、契约、继承。在这一点上，创造相关法律条文的社会同接纳这些法律条文的社会是相似的。假使情况不是这样，假使两个社会的差别如此巨大（让我们设想未开化和半开化民族的原始社会，或者现代文明民族的布尔什维克社会），那么类似的法律条文的移植才是完全不可能的。差异仅限于细节，但即使这些细节也导致法的移植只能在最狭窄的范围内进行。某项法律条文对于其从未考虑过的状况和案件可能是完全无用的。即使援引了旧法典中的其他条文作为依据，法律条文仍是法官或法学家创制的新事物。认为中世纪末期以来在欧洲生效的共同法就是罗马法，这是一种错误的观点。它是以旧的《国法大全》为支撑的新法。法国法典在罗马尼亚生效的道理也是一样的。罗马尼亚法学家为罗马尼亚的法律状况创设了属于他们自己的罗马尼亚法，当然其灵感来源于法国的《民法典》。

直到最近，法学似乎仅仅关注法律条文。这种现象很容易理解，因为法学在很大程度上是一门实务科学，旨在满足实务法学家、法官、律师、公证人的需求，而他们主要关心的就是法律条文。但是，如我们所见，法律条文只是法的一种形式，而且是一种后期的衍生形式。大量的起源于社会机制的法，并不像人们想象的那样只在原始时代形成并发展，而是在当代作为社会本身的自然产物形成并发展。法学家们只有在考虑哪个法律条文适用于现存社会机制所引发的纠纷时，才会间接地关心这一点——就像我在《法律逻辑》一书中阐明的，除非那个引发纠纷的社会机制（或者至少是利害冲突）已经被既定的法律条文所调整，否则法学家们对该条文的思考就是一项徒劳的事业。

现代社会科学，即社会学，把法看作一种社会功能。法不能把自己局限于法律条文本身。必须在社会关系中考虑法的整体存在，也必须使法律条文适应于社会环境。显然，为了达到这个目的，必须首先最大限度地了解整个社会结构和全部社会机制，而不仅仅是那些受成文法调整的机制。这项任务不是个人能够完成的。几千年来，至少在过去的几百年中，每个国家的地图绘制者都在政府的支持下持续绘制地球表面的形状，同样地，目前必须通过有组织的工作来绘制社会的形状。就社会现象能够用数字来表达、能够被计算、被衡量、被测度而言，统计机构已经在从事这项工作了。但是我们有必要把自己从这种局限中解放出来，因为不能用数字表达的社会现象同样具有巨大的科学价值和实践价值。

我在很多作品中指出了社会研究的必要性。它们引起了人们的注意，特别是在美国引发了关注。1914 年 7 月，美国法学院协会（the Association of American Law Schools）邀请我在 1914 年 12 月的年会上介绍我的计划，我本来希望实现这个目标。不幸的是，当时的战争使我未能成行。[①] 自那以来，我非常满意地发现，这项工作的重要性在罗马尼亚得到了深刻的理解。杰出的罗马尼亚学者约尔加（Jorga）教授邀请我去他的东欧研究所发表演讲。我在那里的演讲后来发表在《罗马尼亚民族》（*Neamul Românesc*）上。活法研究学会

---

① 在 1914 年 12 月于芝加哥举办的美国法学院协会会议上，威廉·赫伯特·佩奇（William Herbert Page）教授总结了埃利希教授的观点。参见第 14 届美国法学院协会年会文集（Proceedings of the 14th Annual Meeting of the Association of American Law Schools），第 46—75 页。——英译者注。

（The Society for the Investigation of Living Law）也因此成立。此外，古斯蒂（Gusti）教授建立了罗马尼亚社会研究所，根据其章程（*Statutele Institutului Social Românesc*，布加勒斯特，1921 年），该研究所会包含一个研究司法的部门。

欧根·埃利希

内森·伊萨克斯（Nathan Isaacs）译

附录：马克思与社会问题*

---

*　本文译自 *Eugen Ehrlich Politische Schriften*, Berlin: Duncker & Humblot, 2007, S. 153-162. 原文参见 Karl Marx și chestia socială, in: Arhiva pentru Știința și Reforma socială IV (1922), S. 651-658.

卡尔·马克思是一位伟大的学者和富有激情的革命政治家。这两重特质很难协调在一起。当学术研究的结果同激情的政治观相冲突时，二者必有其一要遭受损害。对马克思而言，政治从来没有在这场斗争中落败过。当学术研究导向了他所不愿意看到的政治结论时，他的学术思想也许就在无意识间扭曲了自身。

即使他的主要著作《资本论》的编排也有着政治色彩。这部著作由三卷组成，第三卷本身又由内容连贯的两个小卷组成，因此人们也可以说它有四卷。此外，还有关于剩余价值理论的四个小卷，它们替补了缺失的第四卷。在马克思生前只出版了第一卷。其余两卷是在他死后由其好友弗里德里希·恩格斯出版的。关于剩余价值理论的四个小卷——如果人们想要理解卡尔·马克思的著作，就必须阅读这几卷的内容——则是由卡尔·马克思的学生兼朋友卡尔·考茨基依据一份写于《资本论》之前的、残缺不全的手稿而整理出版的。近20年来，马克思的学说仅仅因第一卷而闻名，这给人留下了很深的印象，以至于今天大部分略微了解马克思的人并不知晓第一卷以外的任何内容。但即使是第一卷，马克思也是出于宣传鼓动家的立场而撰写的。在这一卷里，马克思总结了一切对革命政治运动有意义的内容；相反，他把纯粹的学术贡献放入第二卷和第三卷，这些学术性的内容限制了第一卷的学说，以至于它们通过某种方式赋予了第一卷以完全不同的外观。第二卷和第三卷在长达 20 年的时间里未曾出版，至今也少有人去阅读，因为它们文字枯燥、难以理解，并且几乎不能为革命宣传提供任何东西。马克思著作的这种划分方式对人类而言几乎变成了一种灾难。

马克思著作的基础是英国古典经济学家的教义。他们仅仅处理这样一个问题：在商品流通的影响下，人类经济活动的产品如何在社会中进行分配？因此，他们思考的核心在于产品的交换价值，而使用价值完全被搁置在一边，因为它对于商品流通没有任何意义。最伟大的英国古典经济学家李嘉图在其著作中首次撰写了一个章节，该章以全面的、最广泛的内容阐述了交换价值，并且其他章节的内容也从这一章发展而来。其他古典经济学家，诸如亚当·斯密和约翰·斯图亚特·穆勒（他被正确地视为最后一位古典经济学家），也做了同样的工作。

马克思试图从英国古典经济学家出发去解答他们很少涉及的社会问题。因此，交换价值在马克思那里，正如在古典经济学家那里，也成为被关注的中心。这一主题在《资本论》的第一页就已经提及。马克思援引了李嘉图有关"价值"的表述。根据这一表述，任何价值都来源于劳动。我们周围的所有商品都耗费了劳动。马克思不厌其烦地告诉我们这一原理。因此，一个商品的价值就在于生产该商品所需要的劳动时间。当然，这一计算并不容易。在一块布料里也包含着运送羊毛所需的劳动，以及澳大利亚某地的牧羊人放羊的劳动，还有生产布料所使用的机器、建筑与辅助材料所需的劳动。如果一台纺纱机在其停止运转之前为 100000 块布料纺好了线，一台织布机织好了 10000 块布料，那么每块布料中包含着 1/100000 的纺纱机的劳动以及 1/10000 的织布机的劳动。同理，人们还必须计算在厂房中所开展的劳动，包括照明、供暖、工厂安保以及其他设施的运作。

我们今天的资本主义社会的特质在于劳动与资本的分离。资本家和工人组成两个不同且对立的群体。但马克思理解的资本不是货币，正如英国古典经济学家的理解，它主要是指生产资料——机器、工具、原料、建筑，商品借由它们而得以生产。这就是不变资本。此外还有可变资本，即支付工人工资的那部分金额。由于资本所有者已经不再是劳动者，为了让其资本增殖，他就必须在市场上购买劳动。于是，劳动就成为商品，而资本家为了这种"劳动商品"（Ware Arbeit），就像为了其他一切商品那样，支付了交换价值而非使用价值；因此，资本家支付的报酬不取决于被购买的劳动生产了多少东西，而取决于生产这种劳动商品所需的时间。这就是劳动的再生产的费用，它是工人必需的生活费用。

我们假定，工人每天工作 8 小时能够得到他生活所需的一切。如果资本家仅仅让工人工作 8 小时，那么资本家显然无法得到任何收入。因此，他一定会让工人工作更长时间，比如 10 小时、12 小时。资本家支付这部分劳动的工资绝不会高于它的价值，即它的交换价值，所以绝不会多于使工人的劳动商品得以生产和再生产的必需的生活费用。而工人生产出的东西归资本家所有。这就是剩余价值，即资本主义的份额。然而，在资本主义社会，劳动收入之所得会持续提高。首先，因为劳动者总是更加组织化。其次，因为机器总是不断被改善并且生产出更多的产品。最后，因为劳动方法总是更加完善。但通过上述方式，获得增长的只有剩余价值，即资本主义的份额。工人无法得到多于他生活所必需的费用。于是，绝大部分人陷入了同等的贫困，而资本家持续不断地变得更加富有。此外还有这样一个事实，资本家之间持续不断地发生"战争"。通过竞争，大资本家把小资本家推入深渊。在重复持续的危机里小资本家走向灭亡，而实力强劲的大资本家存活下来。资本家不仅变得更加富有，他们的数量也愈发减少。最终，一小群极端富有的人同世界上其余的人相对立。大部分人将无法谋生。于是，这样的时刻就会来临：人民将团结起来，夺取国家政权，剥夺剥夺者，把劳动者的生产资料予以社会化，并且废除剩余价值。通过这种方式，社会问题将会消失，千禧年王国将会降临世间。

如人们所见，这就是《资本论》第一卷的内容，其宣传鼓动的力量尤其巨大，当今的布尔什维克主义就从这里发展而来。但细心的读者会提出这样一个问题：资本家将如何处理他们不断增加的财富，总不能把这些财富吃掉、埋葬或者抛入大海？关于这个问题，马克思在第二卷和第三卷作了讨论，而相关的解答可能会极大地弱化第一卷的说服力。在这里人们看到，资本家首先必须用剩余价值来支付他和家人的生活开支，其次必须用剩余价值支付继续开展生产所需的费用——改良机器和工具、维持建筑的良好状态、保障原料的库存。至于剩下的部分，就可以用于满足他对奢侈品的需求，或者扩大他的生产资料。后者意味着，他要么扩大经营（扩大建筑、装配新机器、雇佣更多工人），要么通过购买股票或提供借贷而参与别人的企业。又或者他把钱存入银行，银行贷款给其他企业。

由此产生了如下事实，并且经济数据也已经证明了该事实：在正常的经济政治发展中，企业总是持续不断地成长壮大。根据马克思的观点，企业总数在增加，而资本家的数量则逐渐减少。这一观点没有什么意义，并且也不符合统计数据。真正重要的是，在这种条件下，在正常的时代里，生产出的商品的数量必然不断增多，这也是从统计数据中得出的结论。但增多的那部分商品必然对某些人有利。究竟是哪些人呢？马克思认为，工人并不能得到多于他生活必需费用的东西。这大概意味着，工人生产出的超过其生活必需费用的全部商品都归属于资本家。但马克思并没有得出这个结论。在其主要著作里，他完全没有讨论这个议题，而仅仅在剩余价值理论的论述中提及一次。日常经验告诉我们，商品产量在一定程度上增长，商品也就变得更加便宜，并且在同样的程度上供贫困阶层使用。如果工厂生产的鞋子比过去多十倍，那么穿鞋子的人就比过去多十倍，而这部分人不可能全都是资本家。所以商品生产的增长也有利于穷人。这当然与马克思主义的原则不一致，因为马克思认为全部剩余价值都被资本家吞噬。

这一矛盾表明，在看似令人信服的逻辑链条上实则存在着断裂。由此可见，马克思在继承英国古典政治经济学时并没有对其进行变革，而是原封不动地予以了继承，并且接受了古典政治经济学的片面性。同古典政治经济学一样，马克思只看到了价值交换。从这个视角出发，商品仅仅包含着交换价值，人们并不关心究竟经济生活中的哪种商品代表了交换价值，是面包还是混合泡菜，是衣服还是网球拍，是油画还是手提箱。这对于政治经济学而言是无关紧要的。于是，人们完全忘记了，商品在经济生活中有着特定的位置，这取决于它的使用价值。《资本论》的第二卷（而非第一卷）涉及了这一主题，在那里，马克思对生产奢侈品的工人和生产生活必需品的工人进行了特别重要的区分，并且指明，前者是靠其他人养活的。但他没有据此得出进一步的结论。如果马克思沿着他的开创性的思想进一步发展，他就会确信，国民经济的全部产品最终都会流向由这些产品的使用价值所决定的人群。因此，大众产品流向了大众，奢侈品流向了统治阶级。

此处，马克思已不再属于古典经济学，而是属于庸俗经济学，因为对他来说经济收入仅仅表现为货币的形式。资本家从他的企业中得到一定数额的货币，假设其中 3/4 用于支付工人的工资，其余 1/4 留作资本家的剩余价值。因此，工资能够使剩余价值遭受损失。但即使古典经济学家也知道，工资的数额构成了工人能够获得的商品量的总额，约翰·斯图亚特·穆勒正是在这一结论上建立了他著名的工资理论。

如果市场上的面包是之前的两倍，那么工人就能买到两倍于之前的面包，而无须多增加一芬尼的工资。因此，虽然名义工资在货币的表现形式上没有增加，但工人实际得到了更高的工资。相反，只要商品总量保持不变或者变得更少，那么货币工资的简单增长也不会对工人的收入产生积极影响。令我们感到痛苦的是，自战争结束以来，虽然工资成十倍地增长，但我们的生活还是比过去更加糟糕，因为商品的数量也成十倍地减少，而商品的价格也以同样的比例上涨。那么，对马克思而言具有重大意义的剩余价值又如何呢？这一次，问题不在于货币量的多少，而在于商品量的多少。马克思主义的剩余价值由四个截然不同的方面组成：（1）对于企业主本人绝对必要的生活必需品；（2）对于企业主看似必要的奢侈品；（3）企业主确保当前状态下企业运营所需的机器、工具、建筑和原料；（4）企业主为了发展生产经营所需的机器、工具、建筑和原料。

只有（2）和（4）存在着联系！企业主用于奢侈品的支出越多，留给他发展生产经营的部分就越少。然而对于企业主来说，机器、工具、建筑和原料的意义，即（3）和（4），完全是由它们所生产的商品的使用价值来决定的：如果是大众产品，那么它们就由大众使用；如果是奢侈品，那么它们就是为统治阶级而准备的。如果由马克思宣布的那场伟大的革命最终将生产资料转移到了共同体之中，也就是实现了社会化，这绝不意味着剩余价值的增加。剩余价值的（3）[①]和（4）都会保持不变，因为即使是共同体也必须和企业主个人一样，确保机器、工具和原料维持在良好的状态，并且发展

---

① 原文为"第二点"（Die Punkte zwei），即剩余价值（2），疑似疏误。——译者注。

生产经营。只有（2），即企业主用于满足奢侈品需要的部分，才会消除。如果企业主每年为他个人的奢侈品消费支出了 100000 货币单位，那么他的 1000 名工人未来每人都能多赚 100 货币单位。而只有当人们确保企业能够像之前那样持续生产，才会出现这样的情况。但这是非常值得怀疑的。出于我们此处无法详述的原因，可以断定，集体化的企业总是比私人企业运营得更加糟糕。布尔什维克主义的经验似乎证实了这一点。

由此可知，人民大众的生活状况并不取决于生产方式（私人的抑或集体的，资本主义的抑或社会主义的），而是取决于被生产的产品：为人民大众生产的产品抑或为统治阶级生产的奢侈品。一切都在于一个简单的真理：工人要想吃得更好，就必须增加食品；工人要想住得更好，就必须建造更便宜的住房；工人要想穿得更好，就必须建造服装厂和洗衣厂。煤矿社会化的事实并没有为工人的炉子里多带来哪怕一公斤煤。这一切都是非常容易理解的。但正因为国民经济学是不言而喻的科学，它才如此难以理解。我总是尽最大的努力，让人们理解那些显而易见的东西。这是一个幼稚的问题：工人们从哪里挣到钱以支付食品、住房和衣服？市场上的商品必须被卖出，或者换句话说，价格必须被确定在买者能够支付的水平——在我们的案例中就是工人能够支付的水平。不应该忘记，商品的价格总是同出价购买该商品的顾客的收入相适应。

在这个意义上，马克思反对剩余价值的斗争就可以被理解为反对剩余价值转化为统治阶级的奢侈品的斗争。但奢侈品并不是资本主义所独有的特征。有关生活方式的历史研究已经表明，在资本主义最高阶段即 19 世纪末 20 世纪初，奢侈品消耗国民财富的比例远小于在 18 世纪的法国、英国或波兰的消耗比例，那时候，宫廷和贵族的奢侈品吞噬了贫苦农民手中的几乎全部农业剩余产品。正是在英国和美国，也就是我们时代资本主义最发达的国家，奢侈品在过去几十年内只是消耗了国民财富中微不足道的一部分，因此即使它完全被消灭，国民收入也只会发生微不足道的变化。

还有一个问题：消灭奢侈品是否值得期待？一方面，奢侈品当然是对国民收入的浪费，这种浪费应该被谴责。但另一方面，它又意味着艺术、科学、社会生活以及一切为生命带来价值的东西。假使人们能够消灭第一方面而不触动第二方面，那么没有人会提出反对意见；但这恰恰是不可能的，因为二者是不可分割的。这就好比是出版物审查制度。有一个权威机构来把所有坏书都消除掉，无疑是一件好事。但几个世纪以来的古老传统表明，这类权威机构对好书的侵扰远多于对坏书的侵扰。因此，任何一个理性的人都宁愿不要再有审查制度，因为人们不希望从审查制度中获得少许好处的同时也得到很多坏处。

然而，从剩余价值中转变为机器、工具、建筑和原料的部分无疑不再能够另作他用。生产蒸汽犁地机的工人不能同时耕种田地，投身于工厂建造的工人不能同时建造住宅。人们不能使用同一块煤来加热铁匠锤和煮汤。因此，剩余价值越是被资本主义化，当前能被消费使用的剩余价值就越少。但当下被资本主义化的剩余价值，未来能够生产出可消费的商品。企业主今天支付给工人的工资，就是工人当前在市场上得到的商品。企业主保留下来的剩余价值，诸如机器、工具、建筑，明天就会呈现为市场上可消费的商品。只要不考虑奢侈品，工资额与剩余价值的矛盾就绝不会以今天与明天的冲突而告终：我们必须更多地活在当下还是关心未来？答案肯定是居于中间。如果我们损害了当代人的生命、健康、劳动力，那么我们当然没有妥善地考虑未来。如果工资上涨到这样的水平，以至于没有剩下什么东西去购买劳动资料，那么任何国民经济都将迅速崩溃。对未来的关心应该是社会主义社会与资本主义社会的共同任务。为了扩大劳动资料，就必须留足同样多份额的劳动产品，就像当今社会所做的那样。

卡尔·考茨基在许多著作中讨论过这些问题。他认为，社会主义社会优于今天的社会，因为它有能力消除那些太小、太老而没有效益的企业。但这是一种不同的视角。它与马克思主义的剩余价值理论没有关系。相反，消除没有效益的企业只会增加剩余价值。此外，这些现象持续发生于今天的社会：卡特尔和托拉斯的主要任务就在于消除所有没有生存能力的企业。因此，人们可能会提出这样的问题：这种在资本主义生产方式中非常受欢迎并且可行的措施，是否不必像没收财产那样受到监管？例如，是否不应该禁止卡特尔和托拉斯（它们不畏惧任何侵犯）采取这些措施，不要将这些措施转交给官方机构？将这些措施扩展到还没有组织卡特尔和托拉斯的生产领域，是否并不合适？但这些都是经济行政法要解决的问题了。

因此，解决社会问题别无他法，唯有扩大大众消费品的生产，直至满足大众的需求。战争爆发前几十年的历史已经证明了这是可能的。从海外进口到西欧和德国的谷物以及后来进口的冷冻肉如此之多，以至于农场主们想要把人们推向饥饿的一切努力都鲜有成效。一些大城市和工业区的住房政策至少消除了最严重的住房短缺问题。工业发展得如此廉价，以至于不仅衣服和最重要的消费品，连一些低级奢侈品都已经让所有人能够负担得起了。于是，西欧和中欧的社会问题就失去了尖锐性。半个世纪以来，人们没有再听说过任何革命和起义。无政府主义的动乱几乎完全平息，仍大量存在的工人斗争逐渐变得更加和平，持续的时间更短，并且通常以妥协而告终。那是一个伟大而辉煌的时代，生活在那个时代曾是一种幸福。如果它再持续二十年或三十年，我们在欧洲就不会有任何社会问题了。

显而易见，自那以后一切事物都发生了令人担忧的变化。一系列可怕的革命动摇了最重要的欧洲国家。即使在那些幸免于难的国家里也酝酿着危机：工人斗争此起彼伏，往往结束于难以平息的严重冲突。对生命和财产的侵犯随处都在增多，这种侵犯同之前的无政府主义的暗杀并没有什么区别，尽管部分侵犯行为来自那些把自己冒充为保守派的政党。四年半的战争对欧洲的可怕蹂躏造成了普遍的食物短缺、住房短缺和工业产品的价格飞涨。借助我们在战前为了回应工人群体的要求而采取的那些社会政策来对抗今天的现象恐怕是徒劳的。更好的薪酬方式、最低工资、雇员保护、行业监管、养老金（退休金）、疾病和意外伤害抚恤金，这一切曾经很美好，但前提条件是社会足够富裕，能够承担相应的高额开支。今天，在国民经济精疲力竭的情况下，它们只会深化危机。唯一能够期待的救助措施就是集中开展商品生产：支持农业以保障我们所有人的食品，让住房建造更加简便，发展工业。对挥霍浪费的消除必须与上述措施携手并行：

（1）对私人奢侈品的限制。当然这并不十分重要。

（2）消除一切对国家无益的公共开支，特别是那些军国主义的开支。

（3）打击穷人的奢侈品消费。存在这种现象看似令人难以置信。这种现象就是过度饮酒。

或许，通过这些方式，我们就能在半个世纪之后重新回到 1914 年的状态。而其他的一切措施，包括社会化的方案，都是经济炼金术。